LOS EXPEDICIONARIOS TEJEN SUS SUEÑOS AL PIE DE LOS GIGANTES BROAD
PEAK Y LA CADENA DE LOS GASHERBRUM, «LA MONTAÑA RESPLANDECIENTE»
EN BALTI, SOBRE EL GLACIAR BALTORO, EN LA CORDILLERA DEL KARAKÓRUM.

EN ESTILO ALPINO A
LOS OCHOMILES

DE BUHL A URUBKO, ESTE RECORRIDO POR LAS APERTURAS EN ESTILO ALPINO A LOS OCHOMILES TRAZA
LA EVOLUCIÓN DE UNA FORMA DE ENTENDER LA MONTAÑA BASADA EN EL COMPROMISO, LA CREATIVIDAD
Y EL RIESGO ASUMIDO. UN VIAJE POR LAS LÍNEAS IMAGINADAS EN PAREDES IMPOSIBLES, DONDE EL AIRE
SE VUELVE IRRESPIRABLE Y EL FRÍO MUERDE LOS DEDOS, DE HOMBRES QUE DESVELARON LOS SECRETOS
MÁS ÍNTIMOS DE LAS MONTAÑAS MÁS ALTAS DE LA TIERRA. MUCHOS SE QUEDARON EN ELLAS.

«Aún no puedo calibrar lo que he hecho. Lo único que quiero es volver al valle, a los humanos, a la vida...», escribió el austriaco Hermann Buhl tras llegar a la cumbre del Nanga Parbat. Eran las 7 de la tarde del 3 de julio de 1953; setenta y tres años después de aquel hito —la primera ascensión en solitario y sin oxígeno a un ochomil— nos sigue costando medir su calibre. Descendió ayudado solo por los bastones, pues había dejado su piolet en la cumbre como necesaria prueba de su logro; se le rompió la correa de un crampón que quedó inutilizado, pasó una noche de pie en una repisa a 8000 metros, sufrió alucinaciones —quizá potenciadas por el uso del estimulante Pervitin, común en esa época— hasta que por fin regresó al Campo 5, cuarenta y ocho horas después de haber salido, donde le recibieron con júbilo sus compañeros, que ya le daban por muerto.

Eran los años de las expediciones pesadas; hacía solo unas semanas —el 29 de mayo de ese mismo año— que Ed-

mund Hillary y Tenzing Norgay habían conquistado el Everest, y apenas tres años que se había ascendido el primer ochomil: el Annapurna de Herzog y Lachenal. Buhl actuó sin el consentimiento del estricto Herrligkoffer, jefe de la expedición, quien escatimó las felicitaciones en el campo base. La influencia del coloso austriaco como precursor del posterior estilo alpino en los ochomiles sería celebrada desde entonces.

Su siguiente primera ascensión a un ochomil, el Broad Peak en 1957, junto a un joven Kurt Diemberger y dentro de un equipo en el que también estaban Markus Schmuk y Fritz Wintersteller —los primeros en pisar la cumbre— fue igualmente en un estilo muy ligero, avanzado para su época, que proponía trasladar a las grandes montañas asiáticas las estrategias empleadas en los Alpes. No pudo desarrollarlo mucho más pues, pocas semanas después, su vida se quebró junto a una cornisa en el cercano Chogolisa, cuando tenía 32 años.

FOTOS: COL. HERMAN BUHL

HERMAN BUHL DURANTE SU ASCENSO A LA ARISTA ESTE DEL NANGA PARBAT EN 1953, QUE REALIZÓ EN SOLITARIO (LA ÚLTIMA PARTE), Y RETRATO DE ESTE IRREPETIBLE ESCALADOR AUSTRIACO, VERDADERO PRECURSOR DEL ESTILO ALPINO EN LOS OCHOMILES.

COL. REINHOLD MESSNER

EN 1978, EL MISMO AÑO QUE –CON PETER HABELER– FUERON LOS PRIMEROS EN EL EVEREST SIN OXÍGENO, REINHOLD MESSNER REGRESÓ AL NANGA PARBAT A ENFRENTARSE A SUS DEMONIOS.

EL CHO OYU DE PASANG DAWA LAMA, UNA PRIMERA POR AMOR

El sherpa Pasang Dawa Lama estaba integrado en la expedición austriaca que realizó la primera ascensión al Cho Oyu, en 1954, y pisó la cumbre junto a Josef Jöchler y Herbert Tichy. Usaron cuerdas fijas y campamentos, pero la ascensión de Pasang merece una mención especial por su ligereza y rapidez. Tras un primer ataque en el que se quedaron a 6930 metros y del que escaparon por los pelos de un viento huracanado y frío intenso, descendieron al campo base y a Pasang le mandaron bajar a Namche Bazar a por provisiones. A su vuelta se encontró con que sus compañeros habían regresado a la montaña sin esperarle, acuciados por la llegada de otra expedición suiza que rivalizaba por la primera. Así que, sin detenerse, Pasang continuó solo ascendiendo la

montaña hasta reunirse con sus compañeros, que ya estaban en el C3. Montaron el C4, con Pasang abriendo huella, y desde ahí los tres hicieron cumbre al día siguiente. La clave de la veloz y fortísima ascensión del sherpa –sin oxígeno– estuvo en que, al bajar a por provisiones, había negociado una boda poniéndose de acuerdo con el padre de la novia en que no tendría que pagar la dote por ella (como era costumbre en Nepal) si subía a la cumbre. Y efectivamente hubo boda a la bajada, tal y como relata el explorador Tichy en su libro sobre el Cho Oyu.

NACE LA LEYENDA MESSNER

Cuando el talentoso escalador surtirolés Reinhold Messner llegó al Himalaya, ya se habían completado las primeras ascensiones a todos los ochomiles.

Hollar la cumbre había dejado de ser el objetivo principal, trasladándose a motivaciones como las distintas vertientes vírgenes, ascensiones sin oxígeno o las primeras de cada país.

De nuevo el Nanga Parbat –que deriva del sánscrito *Nanga Parvata*: la montaña desnuda– fue el escenario de una actividad adelantada a su tiempo. Se han publicado muchos escritos, libros y películas sobre aquella trágica expedición en la que Reinhold perdió a su hermano Günter. En junio de 1970 los Messner –integrados en un equipo de nuevo liderado por Herrligkoffer– se enfrentaron a la vertiente Rupal, donde estaba la pared de las paredes, la más grande, difícil y codiciada del Himalaya, de la que el mismo Buhl había dicho «solo intentarlo sería un suicidio». Desde el último campamento, Reinhold salió solo hacia la cumbre; su hermano le siguió. Un 27 de junio a las cinco de la tarde, agotados pero felices, se abrazaron en el punto más alto, culminando así el objetivo de la expedición. Todo se

de expedición, víctima de la tormenta. De nuevo tragedia en su segundo ochomil; Messner era muy consciente de que la posibilidad de morir formaba parte la escalada: «En la resistencia a la muerte los hombres descubrimos nuestra condición humana», escribió.

1975: EL GASHERBRUM I DE MESSNER Y HABELER, UN PUNTO Y APARTE

El año 1975 marca un punto de inflexión para la historia del ochomilismo. En el Everest, un equipo británico liderado por Chris Bonington consiguió superar la banda rocosa y hacerse con la esquiva cara suroeste de la montaña. Habían llevado 24 toneladas de material, incluidos 4000 metros de cuerdas, y contaron con la colaboración de 33 sherpas para su instalación. Cumplieron su objetivo: Doug Scott y Dougal Haston pisaron la cima, aunque tuvieron que soportar un vivac extremo bajo la cumbre y un miembro del grupo falleció en el descenso. Fue la demostración de que incluso las paredes más difíciles de las grandes montañas podían escalarse con la suficiente inversión de equipo y personal.

Pocas semanas antes, en el mes de agosto, Reinhold Messner y el austriaco Peter Habeler hacían cumbre en el Gasherbrum I en una expedición de ellos dos como únicos integrantes. Su material completo no superaba los 200 kilos, aclimataron en otras montañas, subieron abriendo una vía por la cara noroeste cargando con mochilas de 13 kilos, realizaron un vivac a 7100 m, hicieron cumbre y descendieron. Fue una revolución. Había nacido un nuevo estilo de afrontar las grandes montañas.

Esta misma cordada en 1978 ascendió al Everest convirtiéndose en las primeras personas que subían al techo del mundo sin oxígeno. Fueron siguiendo las huellas de una expedición austriaca que había subido unos días antes, pero lograron un tiempo tan rápido que los mismos sherpas dudaron que alguien pudiera rendir de esa forma en altitud. A Messner le sirvió de constatación a su teoría: «Quedó claro que se podían esca-

COL. REINHOLD MESSNER

«EMPRENDER UNA AVENTURA SIGNIFICA IR EN BUSCA DE LO DESCONOCIDO, QUIZÁ DE LO IMPOSIBLE» ESCRIBIÓ REINHOLD MESSNER; ARRIBA, EN SU PRIMERA Y MÁS TRÁGICA EXPEDICIÓN, EN LA QUE PERDERÍA A SU HERMANO GÜNTER EN EL DESCENSO DEL NANGA PARBAT, 1970.

torció después, con un vivac extremo a 7800 metros y una avalancha que barrió a Günter en la bajada por la menos vertical vertiente Diamir. Su hermano mayor consiguió negociar con la muerte en un descenso agónico y completar así la primera travesía de la montaña, aunque este logro no buscado le traería más conflictos que recompensas.

La montaña también le arrebató siete dedos de los pies que tuvieron que amputarle por congelaciones pero, a pesar de las predicciones de Herrligkoffer, que le había dicho que no volvería a escalar, Reinhold Messner solo había empezado a construir su leyenda.

Dos años después, en 1972, participó en una expedición tirolesa que buscaba una nueva línea por la cara sur del Manaslu. Salió del último campamento junto a su compañero Franz Jäger, pero este decidió regresar, así que Messner llegó a la cumbre solo y sin oxígeno. Se llevó uno de los pitones que los japoneses habían dejado en la primera ascensión de la montaña, en 1956. En el descenso se enfrentó a «la peor tormenta de nieve que había vivido nunca», contó. Al escuchar sus voces desde el campamento, su compañero Jäger salió a buscarle pero se desorientó y nunca regresó, como tampoco lo hizo Schlick, otro de los compañeros lar todos los picos del mundo a mi estilo, con poco equipo, con una exposición absoluta y mayor riesgo, dando por supuestas mucha experiencia y rapidez».

MESSNER PONE EN PRÁCTICA SU TEORÍA: NANGA Y EVEREST

Con esa filosofía en mente, Reinhold Messner volvió al Nanga Parbat en 1978. Ya había estado el año posterior a la desaparición de su hermano, buscándolo sin éxito por la vertiente Diamir (su cuerpo aparecería en 2005, confirmando su relato) y había vuelto en 1973 con la idea de abrir una vía por esa misma vertiente, pero se dio la vuelta cuando llevaba un tercio del recorrido. Ahora estaba dispuesto a terminarla. Realizó dos vivacs, dejó en la cumbre una lata e invirtió otras dos jornadas en bajar, lo que tuvo que hacer por otra vertiente pues unas avalanchas habían destruido su vía de ascenso. Culminó así la séptima ascensión de la montaña y la primera apertura en estilo alpino, exorcizando quizá con ello el fantasma de la culpabilidad que arrastraba en ese lugar.

Volvió a aplicar ese estilo rápido, ligero y en solitario en el Everest en 1980, donde acudió en la temporada del monzón, esperando no encontrar gente. Aunque otros ya habían ascendido el último tramo de la montaña solos, siempre había sido integrados en expediciones más grandes en la parte inferior. Messner estuvo completamente solo desde el inicio, que afrontó con una mochila de 20 kilos en la que llevaba todo lo necesario para sobrevivir. Ascendió por la arista noroeste, desde donde cruzó por encima del collado norte al corredor Norton, siendo la primera persona que seguía esta variante para alcanzar la cima. Cumplió su cometido en cuatro días en los que volvió a demostrar su extraordinaria fortaleza.

«Pensaba que en el futuro nadie más subiría al Everest o al K2 empleando oxígeno…» escribió el primer hombre que completó los catorce sin oxígeno (en 1986), un referente que no dejó de romper moldes en las montañas más altas y difíciles. En eso se equivocó.

COL. DOUG SCOTT

EL EVEREST, QUE ASCENDIÓ EN 1975 (ARRIBA, EN SU CUMBRE) FUE LA ÚNICA EN LA QUE EL BRITÁNICO DOUG SCOTT USÓ OXÍGENO, DE SUS MÁS DE 40 EXPEDICIONES POSTERIORES.

EL KANCHENJUNGA Y EL SHISHA PANGMA DE LOS BRITÁNICOS

Doug Scott ya había fichado la cara oeste del Kanchenjunga en 1975 desde el Everest, pero tardó cuatro años en conseguir el permiso, cuando por primera vez Nepal abrió el acceso a su montaña sagrada, en 1979. Le acompañaban sus compatriotas Peter Boardman y Joe Tasker, así como el francés Georges Bettembourg, y todos tenían claro que no utilizarían sherpas más allá del campo base. Ascendieron por la cara oeste hasta llegar al collado norte, pero sufrieron un viento tan fuerte que las piedras volaban hacia arriba: «Fue la primera vez que temí morir en una montaña», escribió Doug. Consiguieron bajar, recuperarse y hacer un nuevo intento, con la feroz incertidumbre de no saber el tiempo que tendrían, ante la que Georges decidió bajarse. No llevaban oxígeno, lo que para Doug, que lo había utilizado en el Everest, les daba la ventaja de la ligereza: «Después de aquella ascensión vi claro que el contenido de las botellas de oxígeno no valía su peso». Vivaquearon en la arista, atravesaron la cara noroeste hasta alcanzar la arista oeste y de allí a la cumbre, de la que se quedaron a tres metros, tal y como les habían pedido las autoridades de la región de Sikkim para no enfadar a los dioses locales. Habían montado campamentos y utilizado cuerdas fijas, con lo que no fue una ascensión en estilo alpino pura, pero fue una actividad sensacional de la que obtuvieron un gran aprendizaje.

Al año siguiente, 1980, un ecléctico equipo internacional protagonizó una primera ascensión en estilo alpino a la pared este del Dhaulagiri. Estaba compuesto por los polacos Ludwik Wilczyński y Wojtek

GEOFF BEATTY

EMPIEZA LA IRREPETIBLE EDAD DE ORO POLACA

Huían de una Polonia devastada por la guerra, con una economía en crisis y bajo el yugo soviético, se ganaban la vida limpiando chimeneas y hacían contrabando de alcohol en los petates... Apellidos ya legendarios como Kukuczka, Kurtyka, Wielicki, Rutkiewicz, Zawada, Lwow... formaron la generación más extraordinaria y creativa del himalayismo, bendecida además por Karol Wojtyla, el primer papa polaco de la historia, convertido en Juan Pablo II el mismo día que Wanda Rutkiewicz pisaba Everest, el 16 de octubre de 1978. Su gran escenario fue el ochomilismo invernal, pues en este terreno todavía estaba todo por inventar, pero también nos dejaron unas memorables aperturas en estilo ligero.

Entre ellas, el Makalu que Jerzy Kukuczka ascendió en solitario en 1981 por la cara suroeste y arista noroeste. La expedición había empezado con otros dos miembros: Wojtech Kurtyka y Alex MacIntyre, con quienes alcanzó los 7800 m en la virgen cara oeste, pero se vieron detenidos por una franja rocosa más difícil de lo que esperaban que, unida a su falta de provisiones, les hizo desistir. A Alex se le acabó el plazo y tuvo que volverse; Kurtyka rechazó la propuesta de Kukuczka de volver a intentarlo: hacía viento y aún

Kurtyka, el francés René Ghilini y el británico Alex MacIntyre. A pesar del tiempo atroz, superaron «el hielo vítreo que cubría la roca con una fina capa, con inclinaciones de hasta 60°», describió Ludwik. Tras alcanzar la arista noroeste, a 7700 m, ante la climatología adversa bajaron por ella; diez días después regresaron a la montaña e hicieron cumbre por la vía normal en dos jornadas.

El objetivo que se planteó Doug Scott en 1982 fue la única vertiente sur que aún quedaba virgen en los ochomiles: la del Shisha Pangma, el más bajo de los catorce, aunque no el menos peligroso. Planificar la expedición fue difícil, pues entrar por el lado chino era mucho más costoso; la financiación incluyó la venta de 5000 postales por parte del padre de Doug, muy implicado con la causa. El equipo lo completaban Alex McIntyre y Roger Baxter-Jones. Durante la aclimatación realizaron la primera ascensión del sietemil Pungpa Ri, tras lo que se consideraron preparados para ir a la casi desconocida pared suroeste del Shisha. Hicieron el ascenso y el descenso a la cumbre principal en el estilo más ligero, alternando tramos encordados y otros sin cuerda, empleando en total 5 días en los que no tuvieron contratiempos reseñables. «Aunque la escalada había sido algo más fácil de lo esperado y no tan larga (unos 2590 metros de desnivel), resultó ser una de las más satisfactorias que habíamos hecho en el Himalaya: una ruta clásica por un terreno variado en una gran pared, aislada y sin explorar», fue el resumen de Scott.

Aquel año 1982 tuvo un tinte trágico para el alpinismo británico. En el mes de mayo Peter Boardman y Joe Tasker desaparecieron en la arista noreste del Everest; formaban parte de una expedición liderada por Chris Bonington que intentaba la primera ascensión integral de dicha arista, algo que no se lograría hasta 1995 por una expedición japonesa en estilo pesado. Y en otoño una fatídica piedra se llevó al luminoso Alex MacIntyre (28 años) cuando abría una vía con René Ghilini y John Porter por la sur del Annapurna. Doug Scott, que no volvió a usar oxígeno en sus más de cuarenta expediciones y escapó de las fauces del Ogro con dos piernas rotas, recibió un Piolet d'Or honorífico en 2011; falleció de un cáncer a los 79 años (2020).

DIBUJOS: ISIDRO LLOBERA

VOYTEK KURTYKA, EL MÁS GRANDE

La imagen de Voytek Kurtyka, atractiva en lo físico, profunda y sensible en lo psíquico, representa un ideal de equilibrio en la práctica del alpinismo; ese equilibrio entre la mirada del pensador hacia la montaña y la mirada filosófica hacia el sentimiento interior que su escalada genera en la mente. Decía Krzysztof Wielicki que «para Kurtyka la escalada era arte», lo que explica que le diera la espalda a la carrera de los ochomiles, una tarea tediosa y mecánica que le impedía plasmar su creatividad y que no casaba con la idea de libertad que Voytek interpretaba a través del alpinismo. Antes de escalar, pintaba un cuadro en su cabeza con la montaña y la línea a seguir, bella, difícil, y después ejecutaba la obra. Esa mirada visionaria fue clave en la apertura de media docena de vías futuristas en ochomiles, así como en la considerada como "la escalada más sobresaliente del siglo XX" a la cara Oeste del Gasherbrum IV (7925 m) en 1985 junto a Robert Schauer. Todas ellas son un alarde de creatividad alpina que ha contribuido a elevar la década de los ochenta a un nivel tan legendario como inalcanzable en la historia del himalayismo. En ese proceso creativo Voytek se alió con los mejores himalayistas, no por necesidad de ayuda sino por afinidad en los planteamientos: Alex MacIntyre, Erhard Loretan, Jean Troillet y Jerzy Kukuczka fueron sus cómplices en los ochomiles. Especialmente significativa fue su alianza con Kukuczka porque ambos eran completamente distintos: habiendo perdido en 1982 a su compañero "natural" MacIntyre, Kurtyka y Kukuczka eran claramente "la cordada", con las ideas y la visión del primero y la fuerza y determinación del segundo; su conexión era mágica porque ambos reconocían sus fortalezas y se entendían y complementaban a la perfección. Voytek era minucioso en la estrategia y buscaba ante todo la seguridad, Jerzy era física y psicológicamente muy fuerte y hacía gala de un empuje imparable, mostrándose inmune al miedo como nadie. Reforzados con esos argumentos fueron inigualables y disfrutaron de un idilio durante dos años, 1983 y 1984, dejando para la historia dos rutas en los Gasherbrum I y II y una monumental travesía de las tres cumbres del Broad Peak. / **Ángel Pablo CORRAL**

«LA DIMENSIÓN MÁS TRASCENDENTE DE LA LIBERTAD ES LIBERARSE DEL PROPIO EGO» ESCRIBIÓ KURTYKA; ARRIBA CON ALEX MACINTYRE, Y ABAJO CON PIOTROWSKI. IZQUIERDA, RETRATO DE DOUG SCOTT.

sentía las piernas congeladas. Así que partió solo. Caminó sin parar todo el día y gran parte de la noche, iluminado por la luna llena. Llegó hasta el cruce con la ruta normal, donde encontró una pequeña planicie. Hacía tanto viento que no pudo montar su tienda, pero la fortuna le desveló una tienda semienterrada de alguna ascensión anterior en la que se pudo arrastrar para cobijarse. Durante todo el día siguiente estuvo esperando un cambio de tiempo, mirando a las nubes en busca del mínimo presagio, hasta que pareció amainar. Por unos momentos dudó: ¿Para arriba o para abajo? Siguió subiendo. Hizo otros dos vivacs. Encontró un tramo de roca en el que se autoaseguró con los 10 metros de cuerda y los dos clavos que llevaba. Las estrellas del mediodía en el cielo azul le dieron ánimos para llegar a la cumbre, donde dejó la mariquita de juguete que le había dado su hijo para desearle suerte. «Felicidades, tengo que reconocer que no esperaba que llegases», le dijo Kurtyka cuando estuvo de vuelta en el campo

base. Hubo quien no le creyó. Un año después, una expedición coreana encontró el juguete de plástico en la cima.

La complementaria cordada Kukuczka y Kurtyka desplegó su talento en 1983 con la apertura de sendas vías por la arista sureste del Gasherbrum II y por la cara suroeste del Gasherbrum I. Al año siguiente se dirigieron al Broad Peak, donde no solo firmaron otra primera en estilo limpio por la arista norte, sino que enlazaron las tres cimas empezando por la Norte, después la Central y por último la Principal, todo en cuatro días.

1983, EL HIDDEN PEAK ARAGONÉS

Cuando bajaron del GI (también conocido como Hidden Peak), Kukuczka y Kurtyka se encontraron en el campo base con unos españoles. Era una expedición aragonesa organizada por el club Peña Guara (en su 50 aniversario), formada por Ignacio Cinto, Toño Ubieto, Javier Escartín, Victor Arnal y Lorenzo Ortas, además del gallego Jerónimo López, a quienes les vino muy bien la comida sobrante que les pasaron los polacos, pues la suya (que traían desde España) se había contami-

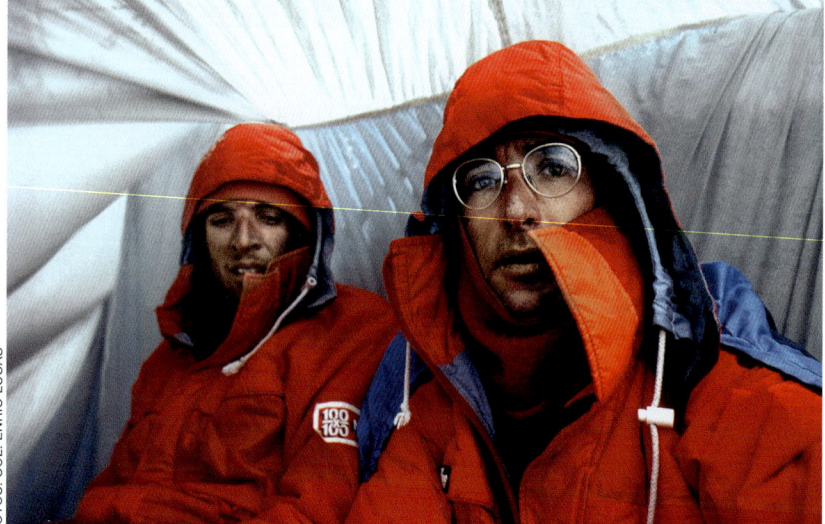

nado con la rotura de un bidón de gasolina. La memorable ascensión que protagonizaron los aragoneses por la arista sureste del GI —sin porteadores de altura, oxígeno y por una nueva vía— aunque la realizaron en varios ataques, tuvo otro componente innovador. Utilizaron unos esquís (adaptados por Javier Escartín) con los que pudieron subir hasta los 7700 m, justo debajo del último corredor que los llevó a la cumbre. «Gracias a los esquís, el descenso hasta la pared de hielo fue rápido y hasta divertido», recuerda Lorenzo, «Fue la última ocasión que tuvimos de tener solo para nosotros una gran montaña. Pocos años después, enseguida llegaron los abarrotados campos base, las expediciones comerciales y multitudinarias, con sus sherpas y cuerdas fijas ¡hasta la misma cima!», escribió nostálgico.

1984, DOBLE HITO EN EL ANNAPURNA

La ascensión de Nil Bohigas y Enric Lucas a la sur del Annapurna en octubre de 1984 culminó en la cumbre central (8051 m) y no en la principal (8091 m) y por esos 30 metros no entra en la lista "oficial" de aperturas a ochomiles en estilo alpino, pero a quién le importan las listas cuando estamos hablando de la actividad más audaz y admirada de las realizadas por españoles en las montañas más altas del planeta, que marcó una época. Tirando de su gran estado de forma y aún más grande imaginación, se metieron en una de las paredes más temidas del Himalaya como si fueran a sus queridos Pirineos, con mochilas de 25 kilos, cargando con lo necesario para sobrevivir unos días. Llevaban también todo el arrojo de sus 23 y 26 años. Entraron por el mismo corredor en el que una caída de piedras se había llevado a Alex MacIntyre. Tardaron ocho días en subir —con varios vivacs colgantes de lo vertical que era la pared— y uno más en bajar rapelando. Dejaron de-

IZQUIERDA, DOS MOMENTOS DE LA ESCALADA DE ENRIC LUCAS Y NIL BOHIGAS A LA SUR DEL ANNAPURNA (1984). ARRIBA, WIELICKI EN UN VIVAC EN EL NANGA PARBAT (1996).

FOTOS: COL. ENRIC LUCAS

KRZYSZTOF WIELICKI, VELOCIDAD Y AUTONOMÍA

Krzysztof Wielicki tuvo un protagonismo muy especial en el vertiginoso periplo a través de los ochomiles que se desarrolló desde finales de los setenta y su nombre está asociado a ascensiones memorables y excepcionales. De los catorce, solamente escaló el Makalu y el K2 con un esquema digamos "clásico". Los otros doce los escaló aportando en cada uno un *plus* importante que justifica su aparición en crónicas como esta: primera invernal, estilo alpino, en solitario y nueva ruta. Aupado en el prestigio del primer Everest invernal (1980, Wielicki y Leszek Cichy en la cumbre), Wielicki entró en la liga de los más grandes en 1984, su año; aquel verano no pudo unirse a Kukuczka y a Kurtyka en sus planes para el Broad Peak, pero Krzysztof era astuto, ambicioso y rápido y se lanzó a una ascensión veloz de esa montaña, 3000 m de desnivel que liquidó en 22 h y media, marcando una primicia mundial. Ese otoño se anotó una nueva ruta en el Manaslu con Aleksander Lwow (aunque no fue en estilo alpino puro, pues fijaron tramos de cuerda); se había convertido en una máquina de escalar. Las invernales del Kangchenjunga y sobre todo la del Lhotse, cuya cumbre alcanzó en solitario, le llevaron a experimentar «una especie de relación entre el alpinista solitario y la montaña», no en vano, Krzysztof subió seis ochomiles de esta manera. Con la seguridad en sí mismo reforzada —«el alpinista está en la mente», me dijo en una entrevista en 2017— firmó sus dos grandes aperturas en solitario, en el Dhaulagiri (1990, 13 h hasta la cumbre) y en el Shisha Pangma (1993, ida y vuelta en menos de 24 h). Krzysztof Wielicki (76) es hoy junto a Voytek Kurtyka (78) el símbolo vivo de una generación legendaria de grandes himalayistas que expandió los límites de lo que se consideraba humanamente posible en el Himalaya. Una generación que «escribió parte de la historia» como a él le gusta reivindicar. / **Ángel Pablo CORRAL**

trás un itinerario histórico que, cuarenta y dos años después, sigue sin repeticiones. Nil nos dejó en 2016; Enric sigue cultivando su mundo interior.

Solo unas semanas después, ese mismo otoño de 1984, el Annapurna vuelve a ser el escenario de otra gran ascensión, esta vez por su vertiente este, con los suizos Erhard Loretan y Norbert Joos como protagonistas, dentro de una expedición de seis personas dirigida por Frank Tschirky. En solo tres días, ascendieron por primera vez la impresionante y larguísima arista este, completando la primera travesía de las cumbres. Cuando llegaron a la cima principal fueron conscientes de lo que habían logrado, pero también de que no podrían volver por donde habían subido, así que procedieron a bajar por la cara norte, de la que llevaban una postal en la mochila como toda información. Para afrontar ese terreno desconocido y vertical contaban con un único tornillo de hielo y 50 metros de cuerda de 5 mm. Después de otras dos noches en altura llegaron por fin al campo base de una expedición japonesa que les dieron comida y agua. Loretan dijo que fue la expedición donde pasó más tiempo en la tierra de los muertos que en la de los vivos.

LEKI
SKY SERIES <<<<
>>>> The lightest Leki trekking series

LEKI.COM

THE SKY IS THE LIMIT

SKYSOLO FX.ONE CARBON
SKYTERA FX.ONE SL

LA VARIANTE DE CADIACH Y MAGRIÑÀ EN EL NANGA PARBAT

Seguimos en el prolífico 1984 con otra actividad protagonizada por una expedición catalana en el Nanga, en la que Jordi Magriñà y Óscar Cadiach culminaron el ataque a la cumbre. Realizaron la primera nacional de la vertiente del Rupal, a través de una nueva variante de la ruta Schell, en estilo alpino y sin oxígeno. Cuando estaban a unos 7.500 metros, en lugar de seguir por la arista como hicieron los austriacos en 1976, optaron por un largo flanqueo a través de la pared del Diamir para atacar el trapecio somital, siguiendo los pasos de la ruta Messner de 1978. «Fue una ascensión realizada a base de dosis

DARÍO RODRÍGUEZ

EL KANCHENJUNGA (FOTO ARRIBA) FUE EL ÚLTIMO OCHOMIL DE LOS CATORCE DEL SUIZO ERHARD LORETAN, QUE ASCENDIÓ EN 1995 CON SU COMPAÑERO TROILLET.

de ilusión y de la que guardo un grandísimo recuerdo», escribe Óscar sobre la ascensión que inauguró su lista de los catorce, que no completaría hasta 39 años después, en 2017 (con 65 años), todos sin oxígeno.

LA TRAVESÍA DE MESSNER Y KAMMERLANDER EN EL GI Y GII

El reto que se planteó Messner en 1984 fue subir dos ochomiles sin descender al campo base, algo que nadie había hecho todavía, y para ello las cumbres de los Gasherbrum le ofrecían un escenario perfecto. Junto al también surtirolés Hans Kammerlander, se embarcaron en

una travesía fieles a su estilo —sin portea-dores, oxígeno ni cuerdas fijas— que cul-minaron en siete días, los dos últimos en medio de una fuerte tormenta. Fueron por la ruta original en el GII y abriendo ruta en el GI. *Gasherbrum, la montaña luminosa* fue la película montada por Werner Her-zog con las imágenes que los escaladores habían rodado en su aventura y entrevis-tas personales. Ante la pregunta final de por qué, Messner responde: «Nunca me pregunto por qué hago esto; no quisie-ra conocer la respuesta. Siento que pue-do escribir sobre esas enormes paredes como los profesores escriben en una pi-zarra con una tiza, pero yo escribo líneas imaginarias que quedan allí para siempre, aunque solo yo pueda verlas».

CHO OYU INVERNAL, MANASLU Y SHISHA DE LOS POLACOS

Los polacos seguían haciendo historia en los ochomiles invernales y, aunque no fuera en estilo alpino pues montaron campamentos y cuerdas fijas, es digna de mención la primera ascensión que una expedición polaca, liderada por Andrzej Zawada, realizó en febrero de 1985 a la cara sureste del Cho Oyu. Los primeros en la cumbre fueron Maciej Berbeka y Maciej Pawlikowski, y tres días después les si-guió la cordada de Jerzy Kukuczka y Zyga Heinrich, culminando la primera y hasta ahora única apertura a un ochomil reali-zada en invierno y sin oxígeno adicional.

En octubre de 1986, Kukuczka, que se hallaba en pleno fervor ochomilista —Messner acababa de completar los catorce ese mes— se dirigió al Manas-lu buscando sumar su 12º ochomil. En su equipo polaco estaban también Ar-tur Hajzer, Ryszard Warecki y Kurtyka, y unieron fuerzas con los mexicanos Car-los Carsolio y Elsa Ávila para el objeti-vo que se habían planteado de la aris-ta este, pero el mal tiempo frustró sus intentos. Cambiaron de estrategia y de pared y, el 5 de noviembre, Kukuczka, Hajzer y Carsolio comenzaron un ata-que en estilo alpino por la cara noreste, siguiendo una línea independiente de la normal. Los tres llegaron al plató somi-

DE IZDA A DCHA: MESSNER, WIELICKI, SYLVIANE TAVERNIER, ENRIC LUCAS Y FULVIO MARIANI; DELANTE: PROFIT, HAJZER Y KAMMERLANDER. ENCUENTRO DE FIGURAS EN EL CAMPO BASE.

COL. TIM MACARTNEY

LINCOLN HALL Y TIM MACARTNEY-SNAPE TRAS SU ASCENSIÓN AL EVEREST EN 1984

HAZAÑA AUSTRALIANA EN EL EVEREST: *WHITE LIMBO*

Junto a las aperturas en estilo alpino en los ochomiles realizadas en 1984 se ha ganado un sitio la de unos jóvenes australianos desconocidos en occidente y novatos en ochomiles, que se atrevieron con la enorme cara norte del Everest, trazando una línea paralela al Corredor Norton a la que llamaron *White Limbo* y registrando la primera australiana a la montaña. Pese a que una tormenta enterró todo su equipo (botas, arneses, cascos, piolets...) se las apañaron para continuar la escalada a partir del C2 con arneses fabricados a mano con cintas y con el material de los cineastas que les acompañaban. Tim Macartney-Snape, de descollante personalidad, calzando sus botas de esquí de travesía, llega a la cumbre al atardecer del 3 de octubre junto a Greg Mortimer, filmando con una cámara de cine, así de grandes eran su ilusión y su ambición en la aventura; 50 metros más abajo, su compañero Andi Henderson se da la vuelta con las manos congeladas incapaz de quitarse las gafas de glaciar, que le impedían ver en la oscuridad. Después de un descenso a ciegas por el Corredor Norton, en plena noche y con una sola linterna, consiguen llegar a la tienda del C4 a las 3 de la madrugada. Los *aussies* estuvieron lejos del estilo alpino, dado que equiparon con cuerdas fijas y campamentos, pero su estilo insolente, tal vez ingenuo, y desde luego muy atrevido, les llevó a anotarse una espectacular apertura realizada sin oxígeno a una descomunal pared de 3000 metros en la montaña más alta del mundo, que nadie ha repetido todavía.

Rubricando la especial relación que Macartney-Snape siempre tendrá con el Everest, en 1990 recorrió a pie los 1200 km que separan la costa en la Bahía de Bengala del techo del mundo, convirtiéndose en el primer hombre en hacerlo partiendo desde el nivel del mar, a la vez que ponía la semilla para fundar, al año siguiente, la firma de material de montaña *Sea to Summit*. Una alucinante travesía narrada en la película *Everest sea to summit*. / Ángel Pablo CORRAL

tal, a 8000 m, donde realizaron su quinto vivac, pero Carsolio amaneció aquejado de congelaciones y decidió quedarse en el vivac mientras sus compañeros iban y volvían a la cumbre, lo que consiguieron en dos horas en las que «a pesar del enorme esfuerzo, no dejamos de tiritar», reconoció Kukuczka.

Al año siguiente 'Jurek', apodo de Kukuczka, hizo la primera invernal del Annapurna y completó sus catorce en el Shisha Pangma, donde abrió una nueva vía en estilo alpino; ambas con Artur Hajzer. En 1989 perdió la vida en la sur del Lhotse.

1986, LAS 43 HORAS DE LORETAN Y TROILLET EN EL EVEREST

Loretan ya había probado su estilo 'nonstop' en ascensiones como el Dhaulagiri invernal: consistía en no llevar tienda ni saco y seguir avanzando de noche, cuando la temperatura es más fría, y descansar por el día, cuando el peligro de avalanchas es mayor. Ligereza radical. En 1986 se juntó con el también suizo Jean Troillet y el francés Pierre Beghin en una expedición al Everest marcada por imprevistos variados. Decidieron subir por el corredor Hornbein de la cara norte. No llevaron tienda, cuerda ni equipo, aunque sí un saco ligero y un frontal cada uno. Tras alcanzar la base del corredor y haber descansado en una cueva a 7800 m, se pusieron en marcha poco antes del anochecer, pero a unos 8000 m Béghin abortó y se volvió a la cueva (no la encontró, tuvo que vivaquear a pelo pues los sacos los habían dejado en ella). Troillet y Loretan siguieron avanzando algo desorientados, sin conocer bien la ruta. A 8200 m descansaron unas horas, y de ahí subieron a la cima. Gran parte de la bajada la hicieron *ramaseando*, es decir, tirándose sentados a modo de tobogán, controlando la velocidad con el piolet; otra técnica que ya habían puesto en práctica anteriormente. En tres horas estaban de vuelta en la cueva y en otras dos en el campo base avanzado. En total, 43 horas ida y vuelta. Aunque no proclamaron haber realizado una apertura —solo progresaron parcialmente por terreno nuevo al inicio— protagonizaron la ascensión más ligera inimaginable al gigante Everest.

Avanzamos hasta 1988 en el Dhaulagiri, cuando un equipo formado por los kazajos Kazbek Valiev y Yuri Moiseev y el eslovaco Zoltán Demjan ascendió por primera vez por el pilar suroeste, que ya había rechazado a unos cuantos pretendientes. Venían aclimatados de unas recientes escaladas en el Tien Shan, y en 16 días realizaron el ascenso y descenso completo de la montaña, sin porteadores, campamentos ni cuerdas fijas. Tras recorrer el pilar tuvieron que enfrentarse a la formación conocida como *The Fist*, 'el puño', así bautizada por la expedición japonesa que lo ascendió en 1978, que implicaba unos 150 metros de roca completamente vertical. Bajaron mayoritariamente rapelando por la misma ruta de subida.

1989: EL SHISHA PANGMA Y LA ESCUELA ESLOVENA

En el final convulso de la Yugoslavia de los años 80, ya en proceso de desintegración y a las puertas de la guerra, los eslovenos acudieron al Himalaya con hambre, ambición y poco que perder. La planificación estricta y disciplina de las expediciones anteriores, con arquitectos como Tone Skarja o Nejc Zaplotnik, había dejado su impronta. Entre aquellos «guerreros alpinos» —como describe Bernardette Macdonald en su libro— estaba también Andrej Stremfelj, quien en 1977 participó en una expedición al Gasherbrum 1 donde abrieron una vía nueva (instalando cuerdas fijas), que también fue el primer ochomil en cobrarse la vida de un alpinista yugoslavo, Drago, y donde Andrej aprendió que «renunciar a una meta es mucho más difícil que alcanzarla».

En 1989, en una expedición eslovena al Sisha Pangma —nombre tibetano que significa "la cresta que domina las planicies tras la hierba"— Andrej Stremfelj y Pavle Kozjek consiguieron abrir una vía nueva por la cara suroeste, con un estilo totalmente limpio. Escalaron el pilar a la izquierda de la vía británica con dos vi-

ARRIBA, EL ESLOVENO MARKO PREZELJ DURANTE SU APERTURA AL KANGCHENJUNGA SUR (8476 M) CON ANDREJ STREMFELJ EN 1991. DEBAJO, QUICO DALMASES EN EL DHAULAGIRI, 1989.

vacs: «Escalamos roca vertical hasta que estuvimos apenas a 50 metros de la cumbre», describió Andrej. Dos de sus compañeros, Filip Bence y Viktor Groseli, subieron unos días después por otra línea que seguía en parte la ruta británica, llegando a la cumbre por la arista sureste.

En aquella expedición estaba también un joven Marko Prezelj quien, dos años después, en 1991, formó cordada con el veterano Andrej Stremfelj para su espectacular escalada al Kanchenjunga Sur, donde ascendieron por la arista sur, superando grado VI, A2 de roca y 65º-90º en hielo, con cuatro vivacs en total. No llegaron a la cumbre principal, pero su forma de afrontarla y ejecutarla asombró a la comunidad y les valió el Piolet d'Or de aquel año (el primero de los cuatro que Marko conseguiría en su brillante trayectoria).

JORDI CANYAMERES EN EL TERCER DÍA DE LA ASCENSIÓN EN ESTILO ALPINO AL DHAULAGIRI, EN EL QUE LLEGÓ A DESPEDIRSE DE LA VIDA MUCHAS VECES; PERO TODAVÍA NO ERA SU MOMENTO.

LA ENCRUCIJADA ESPAÑOLA EN EL DHAULAGIRI

Antes de cambiar de década, merece sus renglones la historia que Quico Dalmases y Jordi Canyameres protagonizaron en el Dhaulagiri en 1989, aunque no fue una apertura. Los dos amigos catalanes fueron a por la pared oeste de la montaña, de unos 4300 m, quizá la de más desnivel del Himalaya tras la Rupal del Nanga. Su planteamiento fue en puro estilo alpino, y así subieron por la vía checoslovaca del 84, cargando con su hogar en seis vivacs. Esforzadamente llegaron al collado noroeste, a 7650 m, donde el frío les paraliza. La poco fiable predicción meteorológica de esos años era uno de los

factores determinantes del éxito o el fracaso. El invierno se había adelantado; las congelaciones empiezan a manifestarse. Quico piensa que llegar a la cumbre es su mejor opción, pues desde allí podrán alcanzar la ruta normal para el descenso. Jordi, incapaz de seguir subiendo, prefiere bajar desde el collado hacia la cara norte por terreno desconocido. Ambas alternativas eran un camino probable hacia la muerte. Cortan la única cuerda que tienen por la mitad y se abrazan. Jordi, tras cinco días de descenso en los que sobrevive a un alud, a una caída en una grieta y a su propia desolación, resurge del infierno helado y puede vivir para contarlo. El destino de Quico lo sigue guardando en secreto la montaña.

1990: CHO OYU Y SHISHA PARA EL TRÍO LORETAN, TROILLET Y KURTYKA

La «diosa turquesa», nombre tibetano del Cho Oyu pues cuentan que de este color se ve desde el Tíbet al atardecer, ya había sido testigo de gestas como la de Fernando Garrido —primera invernal a un ochomil en solitario, en 1988—, y había sido descendido en esquís y en parapente. En el posmonzón de 1990, el equipo suizo-polaco de Loretan, Troillet y Kurtyka unió fuerzas para lanzarse a por una vía nueva en la hasta entonces virgen cara suroeste, a la derecha del pilar polaco. Siguiendo el mismo estilo que Loretan y Troillet habían aplicado en el Everest, empezaron a las 6 de la tarde con lo mínimo imprescindible, sin tienda ni sacos. Escalaron toda la noche y todo el día siguiente, y se detuvieron a unos 50 me-

COL. JORDI CANYAMERES

KUKUCZKA Y PIOTROWSKI, LÍNEA POLACA EN LA SUR DEL K2

L a cara sur del K2 se había convertido en una especie de obsesión para Jerzy Kukuczka, una pared que le «impresionaba terriblemente cuando miraba al K2 a los ojos». En 1982 consiguió convencer a Kurtyka para adentrarse en la pared, donde alcanzaron los 7200 m tras haber aclimatado –sin permiso– en el cercano Broad Peak. Con los caminos de estos dos genios ya separados, Jurek lanza un ataque a la cara sur en julio de 1986 –aquel verano trágico, con 13 muertos– junto a su compatriota Tadeusz Piotrowski, robusto alpinista curtido en invernales, tres suizos y un alemán, que participaron en los primeros trabajos en la ruta y fueron abandonando el intento cuando la cara sur comenzó a enseñar los dientes de las peligrosas barreras de seracs que protegen su mitad inferior. Tras haber montado previamente un C2 a 6400 m, 500 metros de cuerda fija y un depósito de material a 7400 m, Jurek y Tadek entran en la pared el 3 de julio; se enfrentan a un muro rocoso de V+ que superan el quinto día de escalada, vivaqueando a 8200 m. El 8 de julio alcanzan la ruta normal de los Abruzzos y llegan a la cumbre a las 18:30, vivaqueando a 8300 m; al día siguiente, entre la niebla, rapelan hasta 7900 m y hacen su sexto vivac. El 10 de julio, mientras destrepan un empinado muro de hielo de cara a la pendiente, Piotrowski pierde sus crampones, que caen uno tras otro ante los aterrados ojos de Kukuczka; enseguida, el infortunado Tadek tropieza en su caída con Jurek, que consigue mantenerse en su posición, y desaparece en el abismo de la cara sur. Un Jurek superviviente y destrozado encuentra una tienda coreana a 7300 m, en la que puede beber y comer después de tres días sin hacerlo. El 12 de julio, Kukuczka llega al campo base, habiendo completado su deseada línea en el K2 de la manera más dramática posible. Nadie la ha repetido. Para Jurek era su duodécima ascensión a un ochomil y su séptima apertura, para Tadek era el primer ochomil y también fue el último. / **Ángel Pablo CORRAL**

DIBUJO ISIDRO LLOBERA

tros de la cumbre para descansar. Con las primeras luces del día siguiente, subieron al punto más alto y descendieron por la ruta normal, llegando al campo base a tiempo para la cena.

Habían hecho cumbre el 21 de septiembre y el 2 de octubre ya estaban al pie de la cara sur del Shisha Pangma dispuestos a ascender por una nueva línea. Decidieron aligerar aún más su equipo: no llevaron ni arnés ni más comida que unas barritas y una botella de agua cada uno, además de 30 m de cuerda y 4 clavos. Partieron al atardecer y avanzaron sin descanso 16 horas, que fue el tiempo que tardaron los suizos en llegar a la cumbre central, a las 10 de la mañana. Kurtyka se había retrasado y se equivocó en un tramo, metiéndose en un difícil corredor del que tuvo que retroceder, perdiendo unas valiosas horas. Se encontró con los suizos cuando ya bajaban

pero él siguió hacia arriba, hasta alcanzar la cumbre central a las 4 de la tarde. Tuvo que vivaquear a la bajada, sentado en la nieve, y al día siguiente se reencontró con sus compañeros en la base.

En 1992 hay que destacar una primera ascensión al Broad Peak liderada por Óscar Cadiach, que hizo cima en la cumbre central (8011 m) junto a los también catalanes Enric Dalmau y Lluis Ráfols y al italiano Alberto Soncini. Ascendieron desde China y trazaron su línea por la cara este y la noreste, sin oxígeno ni sherpas, en tres ataques en días diferentes, dejando cuerda fija. El tercer

y exitoso intento implicó un vivac a casi 8000 metros a - 30°C, sin tienda, sacos ni hornillo, en el que «nos castañearon hasta los huesos», escribe Óscar sobre aquella tremenda apertura, a la que bautizaron *Fem Tarragona*.

1994: LAS SOLITARIAS DE YAMANOI, CARSOLIO Y LAFAILLE

Ya ha quedado reseñada en las páginas previas la apertura de Wielicki en solitario al Shisha Pangma en 1993. Al año siguiente destacan otras tres as-

PIERRE BEGHIN

CHRISTOPHE PROFIT EN LA ARISTA NOROESTE DEL K2, EN 1991.

EL K2 DE BEGHIN Y PROFIT, PURA HERENCIA DE LOS ALPES

Pierre Beghin y Cristophe Profit se habían conocido en su intento a la sur del Lhotse de 1990 y en aquella expedición nació el vínculo de una potente cordada, regida por la compenetración y el entendimiento. Comprometidos con un estilo rápido y ligero y una sólida voluntad de subir, parten del CBA el 12 de agosto de 1991 hacia la arista NO del K2 (8611 m). El 14 vivaquean a 7950 m y al día siguiente atraviesan hacia la vertiente norte, por la que alcanzan la cumbre, son las 18:50 del 15 de agosto: «No existía nada más que ese punto a 8611 metros, nosotros y un cansancio inmenso y doloroso», escribió Beghin. A -35ºC se abrazan y se fotografían con flash con una franja de color naranja en el horizonte como único vestigio de la luz diurna que les acaba de abandonar en la cumbre del ochomil más duro de escalar. Utilizaron un C1 preinstalado a 7000 m bajo el que dejaron 300 metros de cuerdas fijas, datos que les excluyen de la rigurosa lista de las ascensiones en estilo alpino, pero que no restan valor a una ascensión memorable que les honra y que constituye un hecho histórico: la suya es la ruta abierta por dos hombres en el estilo más cercano al alpino y con menos ayudas en la historia del K2. Nadie la ha repetido. A Profit el éxito en el K2 le liberó de una profunda frustración proveniente de los intentos colectivos en la sur del Lhotse, en los que, como tantos otros amantes de los grupos pequeños, descubrió que «el número perfecto es dos». Con un marcado perfil de guía-alpinista extremo especializado en los Alpes, Profit volvió a su vida en ese entorno, mientras que Beghin mantuvo su afán de apertura en paredes imposibles del Himalaya y al año siguiente fue cruelmente arrancado de este mundo por un friend que se salió cuando rapelaba en la sur del Annapurna, dejando atrás a Jean-Cristophe Lafaille. / **Ángel Pablo CORRAL**

censiones sin compañía, cada una con sus matices. Por un lado, el japonés Yasushi Yamanoi se dirigió en solitario al Cho Oyu, donde abrió una vía en estilo alpino en la cara suroeste, a la izquierda de la ruta de Loretan-Troillet-Kurtyka del 90. Una particularidad de esta expedición es que, simultáneamente a la ascensión de Yamanoi, su mujer Taeko Nagao, formando cordada femenina con Yuka Endo, realizaba la primera repetición de la mencionada vía suizo-polaca, en cuatro días en estilo alpino. Yama-

noi siguió desarrollando una fantástica trayectoria en las montañas, con un estilo ejemplar, en muchas acompañado de su mujer. Ambos vivieron una dura experiencia en 2002 en la montaña tibetana de Gyachan Kang que les dejó varias amputaciones en manos y pies. Carismático y muy admirado —el "samurái del alpinismo" como le describió Kurtyka— recibió un Piolet d'Or en 2021 por toda su trayectoria; actualmente tiene 60 años y tanto él como su mujer siguen en activo.

Por su parte, el mexicano Carlos Carsolio ya contaba con ocho ochomiles en 1995, varios en horarios muy rápidos, pero sintió que se estaba metiendo en un coleccionismo en el que «estaba perdiendo la esencia de lo que me hacía escalar», escribió en un artículo en *American Alpine Journal*. La idea de abrir una vía en solitario a un ochomil le rondaba hacía tiempo y por fin en el Broad Peak pudo hacerla realidad. Formaba parte de una expedición alemán-austriaca y en el campo base se reunieron unas sesenta personas de distintas expediciones, así que el ambiente de abajo fue un impactante contraste con la soledad que encontró después. Carsolio se metió en la pared oeste el 28 de junio y tuvo que autoasegurarse en varias secciones difíciles de roca, concentrado hasta el extremo: «Sabía muy bien que solo yo era responsable de mi destino», escribió. No había llevado saco pero sí tienda, con la que hizo tres vivacs, el último a 7000 metros, en un plató en el que su nueva línea se juntaba con el campo 3 de la ruta normal. El impredecible tiempo empeoró y la nube con forma de champiñón que cubría el cercano K2 no presagiaba nada bueno, así que Carlos dejó en ese campo la tienda y el material y regresó al campo base. Una semana después volvió a subir al campamento donde seguía su tienda. En un percance con el hornillo se quemó parte de la cara y las manos, pero esto no le hizo desistir y continuó su ascensión por terreno nuevo otros dos días. Encontró tramos de roca vertical y desplomada en los que tuvo que recurrir a la escalada artificial, péndulos y otras complicadas maniobras que le llevaron al límite, pero pudo culminar su sueño, dejando detrás de sí una nueva vía hasta la cumbre. «Este ascenso me reafirmó la diferencia entre una idea y una ilusión, y que la realización de un sueño consiste en crear motivación y atreverse a dar el primer paso», escribió Carlos, que en 1996 completó sus catorce. La vía no fue repetida hasta 20 años después, en 2015 por el argentino Mariano Galván que ascendió en solitario y sin oxígeno (dos años después Galván falleció en el Nanga Parbat junto con el vasco Alberto Zerain).

FOTO DE GRUPO EN LA IRREPETIBLE EXPEDICIÓN CATALANA A LA *MAGIC LINE* DEL K2 EN 2004; DE IZDA A DCHA: VALEN GIRÓ, MANEL DE LA MATTA (FALLECIÓ EN LA MONTAÑA DE UNA PERITONITIS), JORDI TOSAS, JORDI COROMINAS (HIZO CUMBRE EN SOLITARIO) Y ÓSCAR CADIACH. DEBAJO, EL JAPONÉS YASHUSHI YAMANOI Y EL MEXICANO CARLOS CARSOLIO.

En cuanto Jean-Christophe Lafaille, su escenario en ese 1994 fue el Shisha Pangma, al que primero ascendió en solitario a la cumbre central, pero encontró el tiempo demasiado ventoso para seguir a la cumbre principal. Dos días más tarde volvió a subir en solo por una línea nueva que transcurría por el lado derecho de la cara norte y alcanzó la arista oeste y la cumbre oeste, pero tampoco continuó a la cumbre principal. El versátil francés seguiría demostrando que su excelencia trascendía los Alpes en muchas otras ascensiones.

el K2. Ascendieron por el pilar derecho de la cara sur, que había trazado en solitario el genial —y controvertido— esloveno Tomo Cesen en 1986, quien se había dado la vuelta cerca de la cima, al sorprenderle una tormenta que acabaría en tragedia, con la muerte de 13 personas. Los vascos siguieron esta línea y la llevaron a la cumbre y, aunque ellos mismos no se adjudicaron el mérito de la apertura, la ruta sería desde entonces conocida como Vasca/Cesen, y sigue siendo una de las favoritas para ascender al K2, por detrás del espolón de los Abruzzos.

K2, LOS VASCOS LLEVAN LA RUTA CESSEN A LA CUMBRE

También en 1994 hay que destacar la expedición vasca formada por Kike de Pablo, los hermanos Félix y Alberto Iñurrategi, Juanito Oiarzábal y Juan Tomás en

1996, EL CHO OYU DE ÓSCAR CADIACH Y SU *FREE TÍBET*

En 1996, Óscar Cadiach llevaba ya una veintena de expediciones a sus espaldas. En esta ocasión se dirigió al Cho Oyu con la intención de abrir una nueva vía por

PARA TODO Y PARA SIEMPRE.

DISEÑO PARA TODA LA VIDA · MATERIAL RECICLADO · VENTILACIÓN FLEXIBLE · VERSÁTIL

VAUDE

Mochila de senderismo Wizard 24+4

VAUDE

la inescalada arista norte. En el equipo estaban los también catalanes Jean Carles Griso, Lluís Rafols y Toni Tovar, así como el austriaco Sebastian Rucksteiner. Los cinco hicieron una ascensión de aclimatación al vecino Palung Ri (7012 m), donde desplegaron la bandera tibetana, mostrando solidaridad con su causa. El mismo Dalai Lama les había dado su aprobación y les había enviado unos cordones de bendición que los expedicionarios llevaban al cuello. Dejaron instalada una tienda en el collado que forma la montaña con el Palung La, a 6500 m, donde comienza la arista que se habían marcado como objetivo, a la que Óscar y Sebastian regresaron al cabo de unos días. Realizaron la ascensión de forma ligera, con dos vivacs, el último a 7500 m. Dede allí partieron al día siguiente a la cumbre y regresaron.

El año anterior, 1995, otra expedición catalana había dejado su huella en un ochomil, aunque no culminaron en la cumbre. La cordada de Josep Permañé y Carles Figueras trazó una nueva línea por la cara suroeste del Shisha Pangma en dos días de escalada en estilo alpino tras los que llegaron a la arista sureste. Siguieron avanzando al día siguiente y, envueltos en la niebla, en un punto pensaron que habían hecho cumbre, pero cuando despejó se dieron cuenta que todavía les faltaba un tramo para llegar a la cumbre principal y, valorando sus fuerzas, horario y condiciones, decidieron descender desde allí. Detrás dejaron la memorable vía conocida como *Corredor Girona*.

EL NIRVANA DE TOMAZ HUMAR EN EL DHAULAGIRI

Otra destacada ascensión que no finalizó en la cumbre, pero estuvo entre las más admiradas de la década, fue la de Tomaz Humar en el Dhaulagiri en 1999. Con 30 años, Tomaz se enfrentó en solitario a los 4000 metros de la tremenda pared sur y reconoce que al ponerse debajo sintió miedo. Una vez en movimien-

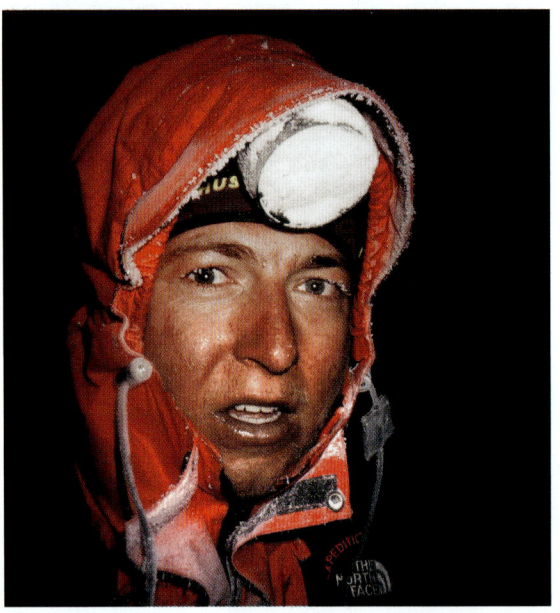

to, fue resolviendo una a una las muchas dificultades que fue encontrando, desde hielo de mala calidad, avalanchas de piedras y nieve, exigentes tramos de mixto, roca, hielo y pasos de dry tooling (hasta 6b y M7+), pero el zapatito de su hija Úrsula que llevaba de amuleto funcionó. Cuando, después de cinco noches en vertical, llegó a la arista sudeste dio por finalizada su batalla: «Me hallaba en el punto más alto de mi ascensión, a unos 8000 metros, y mi línea en la pared sur había concluido. Había alcanzado mi nirvana». El mismo Messner fue a recibirle para felicitarle por su apertura a su vuelta a Eslovenia, y declaró: «La vía que definitivamente resuelve la pared sur es la que ha abierto Tomaz Humar. Aunque no haya alcanzado la cima, porque esto es secundario. La cima ya no es la meta. La pared es la meta».

BAJA EL RITMO EN EL NUEVO SIGLO

Con el cambio de década quedó claro que la era de las grandes aperturas en los ochomiles había pasado. El compromiso de las actividades también se estaba transformando, con un parte meteorológico cada vez más preciso y nuevas tecnologías que permitían un seguimiento casi en tiempo real.

En el año 2000 la única primera ascensión en estilo alpino en alguno de los catorce es la de Lafaille en solitario en el Manaslu, donde acudió con la intención de abrir una vía directa por la cara noreste, aunque quedó en una variante. Du-

rante la aclimatación, subió por la ruta normal hasta los 7000 m, donde dejó un depósito con comida y material para tres días. Bajó y ascendió hasta el primer campamento, pensando en empezar de allí de forma directa su nueva línea, pero la abundancia y mal estado de la nieve le hizo desistir, así que retrocedió y subió al segundo campamento por la vía normal. Desde aquí sí pudo avanzar por la cara noreste y llegar hasta el plató somital, donde se arrebujó en los restos de una tienda abandonada. Le costó orientarse pero finalmente localizó la cumbre y la alcanzó para hacer las pertinentes fotos al pitón con banderas que marcaban la última altitud y, siempre solo, bajó «inmediatamente, hacia la vida», escribió.

Avanzamos hasta 2002, año en el que Lafaille se liberó por fin de su prisión del Annapurna, haciendo cumbre con Alberto Iñurrategui por la larga y comprometida arista este, repitiendo así la hazaña de Loretan y Joos de 1984.

En el terreno de las aperturas ese año nos dirigimos al Shisha Pangma, donde los surcoreanos Par Jun Hun y Kang Yeon Ryoung ascendieron por una nueva vía por la cara suroeste. Llevaron la línea hasta la cumbre principal, superando un difícil muro rocoso, pero un equipo les ayudó a instalar cuerdas fijas desde la base hasta el primer campamento (a 6800 m), desde el que continuaron en estilo alpino.

2004 fue un año simbólico para los españoles en el K2, con la codiciada y admirada repetición de Jordi Corominas de la *Magic Line* y el fallecimiento de Manel de la Matta en la misma expedición.

En el invierno de ese año, exactamente el 11 de diciembre, Jean-Chris-

«CUANDO BAJAS AL MUNDO HORIZONTAL LO QUE CUENTAN SON LOS NÚMEROS, ESTADÍSTICAS, TIEMPOS... TODO ESO PARECE MÁS IMPORTANTE QUE EL ALMA DE LA ESCALADA», ESCRIBIÓ TOMAZ HUMAR; ARRIBA, EN EL ANNAPURNA. DERECHA, VINCE ANDERSON EN LA RUPAL DEL NANGA PARBAT (2005).

STEVE HOUSE

COL. DENIS URUBKO

LUIS MIGUEL LÓPEZ SORIANO

AUTORRETRATO EN LA CIMA DEL GII, QUE ASCENDIÓ EN UNAS 15 HORAS, EN 2022.

DENIS URUBKO TOMA EL RELEVO

El escalador ruso cuenta con un incomparable registro de primeras ascensiones comprometidas, operaciones de rescate e invernales a ochomiles, siempre con la concepción más estricta del estilo limpio. En el campo de las aperturas en estilo alpino a los catorce iguala a Kurtyka en cuanto al número –seis en total– y podría decirse que incluso lo supera en pureza. Su lista empieza en 2005 en el Broad Peak donde, junto al kazajo Sergei Samoilov, abre una vía por la cara suroeste el 25 de julio, poco antes de su 32 cumpleaños. Al año siguiente, con el mismo compañero, dejan su huella en el Manaslu con una nueva línea en la cara norte. En 2009 remata sus catorce sin oxígeno en el Cho Oyu con una apertura por la cara sureste junto al kazajo Boris Dedeshko, que les valió el reconocimiento del Piolet d'Or. En 2010 se dirige al Lhotse con la idea de abrir una línea accediendo desde el collado sur del Everest, afrontando las crestas rocosas superiores y de esta forma abrir una posible conexión para la travesía Everest-Lhotse. Comenzó su ejecución con Simone Moro, pero el italiano tuvo que darse la vuelta por indisposición a 7800 metros. Denis dudó, el viento era fuerte, pesaba el recuerdo de su amigo Sergei fallecido aquí el año anterior. Finalmente continuó su ascenso por la arista rocosa hasta llegar a la cumbre, y descendió por la ruta normal.

En 2019 había planeado la apertura de una vía por la cara suroeste del Gasherbrum II junto a su pareja, la granadina Pipi Cardell, quien en el último momento no pudo sumarse por problemas de salud. Mientras esperaba las buenas condiciones, Urubko participó en tres rescates y subió por la vía normal para aclimatar. El día señalado partió a por su objetivo tan ligero que no llevaba ¡ni agua! 24 horas después, en las que solo paró en la cumbre a hacer alguna foto, se volvió a reunir con Pipi en el campo base; bautizó a su vía *Honey Moon*. Por fin en 2025 ambos se desquitaron con su apertura en el Nanga Parbat. / Eva Martos

tophe Lafaille llega a la cumbre del Shisha Pangma, solo y sin oxígeno. Había comenzado la ascensión por una línea nueva de la cara suroeste hasta unirse con la ruta británica, que siguió hasta la cima, y proclamó la primera invernal de este ochomil, si bien no hay acuerdo pues otros consideran que el invierno no comienza hasta el 21 de diciembre. Dos años después, el irrepetible francés falleció cuando intentaba la primera invernal del Makalu.

2005, STEVE HOUSE Y VINCE ANDERSON EN LA RUPAL DEL NANGA

«Mi experiencia en la pared de Rupal existe ahora solo en un recuerdo abstracto, vívido, surrealista: ocho días de mi vida que han dejado una huella profunda en mi alma. Fue mi visión más cercana hasta ahora de la esencia de la pureza. La catarsis más querida» escribió Vince Anderson sobre su apertura en estilo alpino a la gran pared del Nanga Par-

bat, junto a Steve House, del 1 al 8 de septiembre de 2005. En seis días de escalada, los estadounidenses recorrieron los 4000 metros del pilar central de la vertiente Rupal superando dificultades de 5.9, WI4, con tramos de hielo quebradizo, roca improtegible y caídas de piedras. Vencieron todos los demonios y resistieron otras dos jornadas más de descenso por aquel laberinto de hielo y roca, completando la que ese año se calificó como «la mejor actividad del himalayismo moderno», merecedora del Piolet d'Or. Para Steve, que la temporada anterior tuvo que retirarse de su intento ya cerca del final por enfermedad, cumplir este sueño fue aún más liberador.

Ese mismo año, en abril, una expedición coreana realizó la segunda ascensión a la vía Messner del 70, estableciendo campamentos, con Kim Chang-ho y Lee Hyun-jo en la cumbre. Desde allí optaron por descender por la vertiente Dia-

mir, completando de esta forma la primera repetición de la travesía completa de la montaña.

El año 2005 también marca la entrada de Denis Urubko en la escena de las aperturas en estilo alpino a los ochomiles, en las que recoge el testigo polaco, depurando sus primeras ascensiones a la esencia.

2006: SOLITARIA AL CHO OYU DE PAVLE KOZJEK

El esloveno Pavle Kozjek, a quien ya hemos mencionado como aperturista del Shisha en el 89 junto a Andrej Stremfelj, rubrica una línea por la cara suroeste del Cho Oyu, a la izquierda de la de Yamanoi. En solitario, estilo alpino, del primer intento y del tirón, incluyendo una sección de roca de Vº a 7200 m. Unos 1100 metros de apertura hasta la arista de los Polacos, por la que siguió

COL. PAVLE KOZJEK

EL ESLOVENO PAVLE KOZJEK. ARRIBA, LA VERTIENTE SUR DEL CHO OYU FOTOGRAFIADA DESDE LA CUMBRE DEL EVEREST.

hasta la cima, en poco más de 14 horas de ascenso. «Contradicciones del Cho Oyu, escapando de la dura realidad» fue el título que le dio al artículo que escribió sobre su experiencia. Y es que antes de empezar la ascensión, cuando estaban en el campo base, tanto él como muchas personas de otras expediciones fueron testigos de cómo un gran grupo de refugiados tibetanos cruzaban el paso de Nangpa La rumbo a Nepal y los militares chinos dispararon contra ellos, hiriendo a varios y matando a una joven, cuyo cuerpo quedó postrado sobre el glaciar. A Pavle también le impactó el tremendo cambio que había sufrido el Himalaya desde sus primeras expediciones; no daba crédito a las colas de personas ascendiendo lentamente con oxígeno por la ruta normal, con varios que apenas sabían coger el piolet, en busca de la «aventura de sus vidas». Pavle se alejó de los

COL. ALBERTO IÑURRATEGI

ALBERTO IÑURRATEGI EN LA CUMBRE NORTE DEL BROAD PEAK, TRAS ABRIR VÍA CON JUAN VALLEJO Y MIKEL ZABALZA (2010); ALBERTO COMPLETÓ LA TRAVESÍA DE LAS TRES CIMAS.

ochomiles pero siguió aplicando su estilo limpio en muchas otras montañas. Falleció en 2008 cuando intentaba abrir una vía en la norte de la Muztagh Tower.

PILAR NORTE DEL GASHERBRUM II CON PATROCINIO DE *AL FILO*

En 2007, el programa *Al filo de lo imposible* fue uno de los promotores de la expedición internacional en la que el surtirolés Karl Unterkircher y el italiano Daniele Bernasconi consiguieron abrir una nueva vía por el espolón norte del Gasherbrum II, que se había resistido a intentos anteriores. También formó parte de la apertura Michele Compagnoni, pero tuvo que darse la vuelta a solo 150 metros de la cumbre. Hicieron una ascensión rápida en tres días, fijando 1200 metros de cuerda y estableciendo un campamento. Desde aquí subieron con un vivac más hasta la cima y descendieron por la ruta normal. Karl (que en 2004 fue el primero que hizo el

K2 y el Everest sin oxígeno en el mismo año) falleció en 2008 mientras intentaba una nueva ruta en el Nanga Parbat.

EL ANNAPURNA DE TOMAZ HUMAR

«Para mí no se trata solo de escalar. Es el juego de la vida. Es un viaje para descubrirme a mí mismo» dijo Tomaz Humar en una entrevista después de su primera ascensión en solitario por la cara sur del Annapurna en 2007. Ferviente creyente, no concebía el alpinismo sin riesgo. Este había sido el primer ochomil que había subido en sus inicios, al que llegó quizá con ganas de desquitarse de su doble intento a la Rupal del Nanga; en el último (2005, poco antes del éxito de los americanos) habían tenido que sacarle de la pared en helicóptero tras seis días bloqueado en una cueva de hielo; un rescate sin precedentes que levantó revuelo mediático y fue criticado en los círculos de alpinistas. En el Annapurna

ascendió por el pilar este de la cara sur, en dos días de malas condiciones, con rachas de viento de hasta 150 km/h. Sin embargo, tardó en dar detalles. «He escalado una nueva ruta en puro estilo alpino, sin saber que un equipo polaco había ascendido por aquí, no muy lejos de por donde yo iba, en 1988», se defendió ante los que le acusaron de haber subido por una ruta ya existente. Después de aquello se mantuvo fuera de los focos, que lamentablemente fue un tiempo breve pues en 2009, cuando tenía 40 años, falleció escalando en solitario el Langtang Lirung.

2008, EL AÑO DE LOS RUSOS

Valeri Babanov y Victor Afanasiev encadenaron una doble primera ascensión en estilo alpino en el grupo de los Gasherbrum. Primero se dirigieron a la cara oeste del Broad Peak, donde abrieron una difícil vía de hielo y mixto por el espolón central, hasta llegar a la arista oeste y seguir por ella hasta la cumbre. De allí los rusos se dirigieron a la cara suroeste del Gasherbrum I donde, en el mismo estilo lige-

UNOS DESTRUIDOS ZDENEK Y MAREK EN LA CIMA DEL GI, EN 2017.

ro y rápido, subieron por una línea nueva, saliendo a la cumbre por el final de la vía yugoslava del 77. Todo en menos de cuatro semanas. «Me doy cuenta de que no siento ninguna emoción por lo que hemos logrado. Incluso mis recuerdos de la cumbre, con la que tanto tiempo había soñado, se están desvaneciendo rápidamente. Quizás simplemente estoy cansado», escribió Babanov en su crónica. Su plan era seguir al Gasherbrum II a sumar la tercera, pero desistieron por mal tiempo.

Al año siguiente, 2009, Denis Urubko completó sus catorce abriendo una vía en estilo alpino por la cara sureste del Cho Oyu, donde encontraron dificultades de hasta 6b, A2/3 y M6. Tras cinco días de esfuerzos llegaron la cumbre de noche y, aunque el mismo Denis llegó a dudarlo, pudieron salir de allí con vida. Le acompañó el kazajo Boris Dedeshko, quien se estrenó así brillantemente en los ochomiles.

También en 2009 el pilar noroeste del Nanga Parbat vio su primera ascensión en estilo alpino a cargo de los austriacos Günther Unterberger, Hans Goger y Sepp Bachmair y el canadiense Louis Rousseau. Dibujaron su línea con cuatro vivacs con una progresión en la que pudieron ir resolviendo todas las dificultades que les salieron al paso. Su celebración en la base fue breve pues al día siguiente acudieron al rescate de un amigo austriaco integrado en otra expedición que había sufrido un accidente. Subieron hasta la cumbre por la vía normal pero solo encontraron su mochila y unas huellas hacia el abismo.

MAREK HOLECEK, PREMIO A LA PERSEVERANCIA EN EL GASHERBRUM I

No ha habido en la historia de las aperturas en los ochomiles en estilo alpino una ascensión más trabajada que la del alpinista checo Marek Holecek en la cara SO del Gasherbrum I (8080 m). Los intentos de Holecek a esta pared, cinco, entre 2009 y 2017, con cuatro compañeros distintos, un total de 27 días de escalada y 37 vivacs en la pared, han navegado entre la épica, las tormentas, el infierno, las congelaciones y la tragedia, llenando su bagaje de retiradas al límite en las que Marek miró a la muerte muy de cerca (en 2013 Zdeněk Hruby murió ante sus ojos después de sufrir una caída de mil metros) que han certificado su excepcional capacidad física y mental para resistir las peores condiciones imaginables a gran altitud. En el intento definitivo de 2017, una aventura de diez días (21-30 de julio) junto a Zdeněk Hák, atacaron con éxito una vertical línea de hielo y un dificilísimo muro rocoso vertical a 7800 m, de unos 200 m y M7, que les llevó casi tres días superar (Kurtyka y Kukuczka lo habían "desestimado" en su apertura de 1983). La nueva ruta, de dificultad extrema en un ochomil (*Satisfaction* 3000 m, M7, WI5+), impresionó al Jurado de los Piolet d'Or, que les concedió el galardón en 2018. Holecek tiene otros dos ochomiles en solitario, el mismo Gasherbrum I en 2009 y el Nanga Parbat en 2012 en estilo alpino y recibió un segundo Piolet d'Or con Hák por su apertura en la norte del Chamlang (7319 m) de 2019./**Ángel Pablo CORRAL**

2010: EL BROAD PEAK DE LOS VASCOS

En julio de 2010 los vascos Alberto Iñurrategi, Juan Vallejo y Mikel Zabalza completaron una ascensión histórica en el Broad Peak, esa mole de tres cabezas: la Norte (7550 m), la Central (8011 m) y la Principal (8051 m). En dos días superaron 2700 metros de desnivel de la cara oeste, cargando con todo su equipaje por terreno desconocido, hasta llegar a la cumbre norte. Frustrados por el vendaval, dejaron en el collado su tienda y descendieron al campo base. Siete días después repitieron su vía recién abierta, llegaron al collado (desde el que Iñurrategui volvió a coronar la cima norte) y los tres continuaron a la cumbre central en una jornada atroz que les llevó 17 horas. Solo en un tramo de 50 metros pasaron cinco horas: «Eran laderas muy empinadas con nieve muy profunda, nos metíamos hasta la cintura y avanzábamos braceando, con miedo de que se nos viniera todo encima», relataron. Llegaron al collado que divide la cumbre central y la principal pero se acercaba la noche y, exhaustos, decidieron bajar al campo 3 de la vía normal (a unos 7100 m) a reponer. Al día siguiente solo Iñurrategi tuvo fuerzas suficientes para reemprender la subida hasta el collado y seguir la escalada hasta la cumbre principal, culminando así la travesía. Antes que Alberto —que completó los catorce sin oxígeno en 2002— solo dos expediciones habían logrado unir las tres cumbres, la de Kukuczka y Kurtyka en 1984 y una japonesa en 1995.

Ese año 2010 Denis Urubko protagonizó su ascensión al Everest en solitario, desde el collado sur, ya relatada.

No hay aperturas a reseñar en los dos siguientes años, aunque en 2012 es relevante la ascensión de la arista Mazeno del Nanga Parbat, a cargo de los escoce-

ROBERT BOSCH

A MUCHOS LES COSTABA CREER QUE LAS ASCENSIONES ULTRARRÁPIDAS DE UELI EN LOS ALPES TAMBIÉN FUERAN POSIBLES EN LAS GRANDES MONTAÑAS.

ses Rick Allen y Sandy Allan. La conocida como "ruta más larga de todos los ochomiles" tiene una longitud de unos 12 km, siguiendo la línea divisoria entre las vertientes del Diamir y del Rupal, con gran parte por encima de los 7000 m. En los años 80 y 90 la habían intentado figuras como Scott o Kurtyka y ya en este siglo había sido completada por dos expediciones, aunque a ambas les faltó la guinda de la cima del Nanga. Para conseguirlo, los escoceses vivieron una auténtica odisea de 18 jornadas, en la que no pudieron beber nada los últimos tres días, y de la que pudieron salir por su propio pie.

UELI STECK Y SU SOLO EN EL ANNAPURNA

«Afronté demasiados riesgos y por ello tengo sentimientos contradictorios respecto a mi ascensión al Annapurna» nos dijo Ueli Steck, "la máquina suiza" sobre su ascensión de octubre de 2013. Aceptó el hecho de que no le importaba no regresar, un estado mental muy influenciado por las vivencias que había tenido en mayo de ese mismo año en el Everest, donde un grupo de sherpas les atacó violentamente cuando Ueli, Simone Moro y Jonathan Griffith pasaron por encima de sus cuerdas fijas. Había perdido su fe en

la bondad humana; pidió un tiempo de reflexión. Por eso decidió ir al Annapurna pagándose él mismo la expedición, librándose así de cualquier compromiso. La ruta escogida por la cara sur fue la que Béghin y Lafaille habían iniciado en 1992, con el fallecimiento del primero y el casi irreal descenso del segundo. Ueli ya la había intentado dos veces antes; la segunda renunció por ayudar en el infructuoso rescate de Iñaki Ochoa en 2008.

Esta vez acudió con el canadiense Don Bowie, quien no se sintió preparado y se dio la vuelta en la rimaya. Ueli subió sin saco ni hornillo, aunque sí llevaba una pequeña tienda. Superó el *headwall*, al no encontrar espacio para su tienda descendió un centenar de metros hasta una grieta donde pudo instalarla. Cuando se hizo de noche vio que el fuerte viento amainaba y pensó que era su oportunidad. Retomó su ascensión en la oscuridad, sin cuerda, aferrándose a sus piolets cuando una purga de nieve casi le arranca de la pared, llevándose su cámara y una de sus manoplas. Ni él mismo podía creérselo cuando alcanzó la arista cimera, con el cielo brillante de estrellas. Su método era simple: desprenderse del mundo exterior y pensar solo en el presente inmediato, en cada golpe de piolet. No pudo hacer la foto de cumbre ni dejar nada en ella pues todo lo que llevaba le era imprescindible. 28 horas que le llevaron al límite. La asombrosa ascensión le valió el Piolet d'Or al año siguiente, pero la falta de pruebas y el impresionante horario –imposible para algunos– ensombreció su ascensión. Ueli ya había subido la suroeste del Shisha en diez horas, por no contar sus ultrarrápidas ascensiones en los Alpes. La falta de confianza le hundió. En 2017 falleció en el Nuptse, cuando se aclimataba para la travesía Everest-Lhotse.

LAS DE LA ÚLTIMA DÉCADA

En julio de 2013 tres iraníes, Aidin Bozorgi, Pouya Keivan y Mojtaba Jarahi, abrieron nueva ruta en la vertiente suroeste del Broad Peak, pero fallecieron en el descenso.

El siguiente añadido se produce en 2918 en el Gasherbrum II, con el alemán Felix Berg y el polaco Adam Bielecki. Ascendieron por la vía normal de la arista suroeste hasta los 7300 m, desde donde se dirigieron al collado entre el Gasherbrum II y III, y desde allí ascendieron por una nueva ruta por el centro de la cara suroeste, finalizando en un espolón rocoso con escalada delicada y difícil de proteger. Fue la única ascensión a la montaña que se hizo en estilo alpino esa temporada.

También el Gasherbrum II fue la montaña que marcó el regreso a los ochomiles de Denis Urubko en 2019, con su ya mencionada *Honey Moon*, tras la que declaró: «Hice varias rutas interesantes en picos de 8000 metros durante el periodo de mi vida en el que viví en Kazajistán, pero luego llegó la emigración, el trabajo, los problemas... y me di cuenta de que me dejaba influir demasiado por las opiniones de los demás. No era capaz de concentrarme por completo en mi propio "arte" personal. Ahora he conseguido hacer realidad mi idea de libertad con una nueva ruta en el Gasherbrum II. Es posible ser fiel a uno mismo». Su Nanga Parbat en 2025 con Pipi nos lo cuenta ella misma en las siguientes páginas.

Cerramos esta crónica con una última apertura en estilo alpino a la cara suroeste del Manaslu en octubre de 2025, realizada por el equipo ruso de Andréi Vasíliev, Serguéi Kondrashkin, Natalia Beliankina, Kiril Eizeman y Vitali Shipílov. Tenían su campo de operaciones en la aldea de Samagaon, desde donde hicieron la ruta normal para aclimatar y desde donde partieron el día acordado directamente al ataque a la montaña. En cuatro días alcanzaron los 7050 m, donde montaron un vivac y fijaron cinco largos por encima. Siguieron trabajando su línea hasta llegar a la arista cimera, donde pusieron un vivac a 7700 m. Al día siguiente recorrieron la ruta tirolesa de Messner hasta la cumbre y emprendieron el camino de vuelta, regresando a la base ocho días después de haber salido. Por esta actividad recibieron al mes siguiente el Piolet de Oro ruso de 2025.

LAS 32 MÁS «PURAS»

Para este listado se han tenido en cuenta únicamente las ascensiones realizadas del tirón, sin preinstalar campamentos ni cuerdas fijas, sin oxígeno y, además, solo las que llegan hasta la cumbre principal de las montañas y no son variantes. Es una simple enumeración que no quita mérito al resto de primeras reflejadas en el artículo, sin duda muchas de ellas tan meritorias como las de esta selección.

1. EVEREST | 8848 m
1980, R. Messner **en solitario**, noroeste.
2. K2 | 8611 m
3. KANGCHENJUNGA | 8586 m
4. LHOTSE | 8516 m
2010, D.Urubko **en solitario**, oeste.
5. MAKALU | 8485 m
1981, J. Kukuczka **en solitario**, noroeste,
6. CHO OYU | 8188 m
1990, E. Loretan, J. Troillet y Kurtyka, suroeste.
1994, Y. Yamanoi **en solitario**, suroeste.
1996, Ó. Cadiach y S. Rucksteiner, norte.
2006, P. Kozjek **en solitario**, suroeste.
2009, D. Urubko y B. Dedeshko, sur.
7. DHAULAGIRI I | 8167 m
1988, K. Valiev, Y. Moiseev y Z. Demjan, suroeste.
1990, K.Wielicki **en solitario**, este.
8. MANASLU | 8163 m
1986, J. Kukuczka y A.Hajzer, noreste.
2006, D. Urubko y S. Samoilov, norte.
9. NANGA PARBAT | 8125 m
1978, R. Messner **en solitario**, norte.
2005, S. House y V. Anderson, sur.
2009, L. Rousseau, G.Göschl, H. Goger y S. Bachmair, noroeste
2025, D, Urubko y M.Cardell, noreste.
10. ANNAPURNA I | 8091 m
1984, E. Loretan, N. Joos, este.
2013, U. Steck **en solitario**, sur.

11. GASHERBRUM I | 8080 m
1975, R. Messner y P. Habeler, noroeste.
1983, J. Kukuczka y W. Kurtyka, suroeste.
2008, V. Babanov y V. Afanasiev, suroeste.
2017, M. Holecek y Z. Hák, suroeste.
12. BROAD PEAK | 8051 m
1984, J. Kukuczka y W. Kurtyka, norte.
2005, D. Urubko y S. Samoilov, suroeste.
2008, V. Babanov y V. Afanasiev, noroeste.
13. GASHERBRUM II | 8034 m
1983, J. Kukuczka y W. Kurtyka, sureste.
2019, D. Urubko **en solitario**, suroeste.
14. SHISHA PANGMA | 8027 m
1982, D. Scott, A. McIntyre y R. Baxter-Jones, suroeste
1987, J. Kukuczka y A. Hajzer, oeste
1989, A. Stremfelj y P. Kozjek, sur.
1990, Loretan, Troillet y Kurtyka, suroeste.
1993, Wielicki **en solitario**, sur.

MÁS NÚMEROS
Montañas con más primeras en alpino: Shisha Pangma y Cho Oyu (5)
Aperturista más prolífico: Denis Urubko (6)
Año con más aperturas: 1990 (3)
Con más solitarias: Messner, Wielicki, Urubko (2).

Los ochomiles siguen ofreciendo retos, aunque hoy sean distintos a los de aquella edad heroica con la que empezábamos el artículo. Probablemente a Hermann Buhl le costaría creer que alguien ha subido al K2 en once horas y se ha lanzado desde la cumbre en parapente. Pero seguro que lo que más le impactaría es ver los campos de altura de las expediciones comerciales convertidos en un vertedero de tiendas rotas, botellas de oxígeno vacías y basu-

ra abandonada. Quizá ahí esté ahora el verdadero desafío: lograr que se respeten las montañas como los templos que fueron, seguir subiéndolas y bajándolas de la forma más limpia posible. Porque ellas ya estaban allí antes que nosotros, y seguirán estando cuando nos hayamos ido.

Eva MARTOS
Con la colaboración de
Ángel Pablo Corral y Sebastián Álvaro

EL ARTE DE HACER MÁS CON MENOS

POR SEBAS ÁLVARO

RESULTA DIFÍCIL ENCONTRAR EL MOMENTO EXACTO EN EL QUE DIO COMIENZO TODO. EL INSTANTE EN EL QUE EL ESFUERZO CONTINUADO DE UNA PERSONA POR ASCENDER UNA MONTAÑA SE TRANSFORMÓ EN UNA APUESTA ÉTICA Y ESTÉTICA QUE, TRASCENDIENDO LA PURA ACTIVIDAD DEPORTIVA, SE CONVIRTIESE EN UNA FILOSOFÍA...

O, como bien ha resumido el británico Michael Thompson, en el arte «de hacer más con menos». Probablemente el influjo de la Ilustración y el Romanticismo, que tanto tienen que ver con el nacimiento del alpinismo, ya estuviera en el espíritu de aquellas primeras ascensiones en los Alpes y también en otras escaladas en roca que hiciera decir a Martín Conway que aquellos hombres eran «gimnastas de las montañas». Lo cierto es que a partir de la primera escalada del Cervino en 1865, por Whymper y compañeros, aceleró una transformación latente hasta entonces. Puso de relieve que, desde entonces, cualquier montaña podía ser escalada. Era una cuestión de perseverancia y medios. Fruto de aquella evolución se supo que el camino, la ruta, es tan importante como la meta y que el estilo vale tanto, o más, que la cima. Algo que, trasladado a las montañas más altas del planeta, adquirió su máximo exponente.

A pesar de su complejidad, si tuviera que elegir un pionero en el que encarnar esa transformación, me quedaría con Albert Frederick Mummery, considerado, con razón, el padre del alpinismo moderno. Mummery tenía los antecedentes necesarios, había empezado escalando con guías en los Alpes, a la moda de la burguesía inglesa, y parecía encaminado a convertirse en un acróbata de las montañas alpinas. Sin embargo, contra todo pronóstico, aquel alpinista miope de aspecto introvertido se terminaría convirtiendo en el primer profeta de "lo imposible" y del juego limpio, un precursor del estilo ligero y del compromiso ético a la hora de escalar una gran montaña. Una de sus frases más conocidas sigue siendo un pilar del alpinismo clásico; resume ese impulso que nos lleva a acometer empresas que muchas personas consideran inútiles y/o imposibles: «Cuando todo indica que por un lugar no se puede pasar, hay que pasar. Se trata precisamente de eso». Coherente con su ideario, en 1895 se enfrentaría a una de las montañas más altas de la Tierra. Su exploración del Nanga Parbat, con un equipo muy pequeño en una zona remota y hostil es, todavía hoy en día, un ejemplo casi imposible de repetir. El intento de acometer el espolón central —que lleva su nombre desde entonces— es un modelo de honestidad, de utilización de los medios justos; un símbolo del estilo ligero del que, desde entonces, todos somos sus herederos. Pero allí, en una montaña imponente que supera los ocho mil metros, no solo quedaron enterrados Mummery y sus dos compañeros gurkhas, sino también sus ideas, espléndidamente adelantadas y revolucionarias, que tardarían en ser puestas en práctica.

FOTOS: COL. KURTYKA

DOS MOMENTOS DE LA ESCALADA DE LA «PARED RESPLANDECIENTE» DEL GASHERBRUM IV (7925 M), POR VOYTEK KURTYKA Y ROBERT SCHAUER EN 1985, PARADIGMA DEL ESTILO ALPINO.

El legado de Mummery nos descubrió que la actividad de montaña supera su vertiente deportiva. Que el verdadero valor de una escalada se encuentran en el grado de compromiso, en la exposición, en la belleza y dificultad de la ruta, en el estilo y los medios utilizados. Hoy sabemos que el *Sentimiento de la Montaña* es cultura, poesía, pintura, literatura, cine, música, filosofía y, sobre todo, emociones profundas y duraderas. Los alpinistas, como todos los grandes aventureros, tenemos la necesidad espiritual de almacenar conocimientos y emociones, que se encuentran adentrándose en lo desconocido. Por eso la historia del alpinismo no es meramente la conquista de las altas cumbres, sino una búsqueda constante por explorar los límites del lugar en el que vivimos y los nuestros propios, es decir, por conquistar nuestros propios miedos. Pero fue el genial alpinista británico al que le debemos el impulso inicial. A él le seguirían una pléyade de hombres y mujeres que quisieron seguir su ejemplo y lo ampliaron, durante los 130 años siguientes, al resto de las grandes montañas de los Alpes y los Andes, hasta llegar a las que superan los ocho mil metros en el Himalaya y el Karakórum. Paul Preuss, Comici, Gervasutti, Welzenbach, Cassin y muchos más son peldaños de una larga escalera, que tiene principio, pero que no sabemos dónde se encontrará el final.

A principios del siglo XX los británicos fijarían su objetivo en el Everest, aun apostando por equipos con sherpas y botellas de oxígeno, nos dejaron uno de los grandes debates sobre ética y estética cuestionando su propia utilización de esos equipos porque, como dijo Georges Mallory, escalar con una máscara sobre la cara «pierde todo su encanto». Tras la Segunda Guerra Mundial se retomarían los intentos de ascensión de las 14 montañas más altas del planeta y en solo 14 años se lograrían hollar todas ellas. Sin duda los avances técnicos fueron primordiales, pero resulta paradójico comprobar que casi todas las ascensiones de esas montañas que se realizan hoy (salvo contadas ascensiones) se hacen en un estilo mucho menos limpio que las que, por ejemplo, realizaron franceses al Annapurna, británicos al Everest o italianos al K2. Y mucho menos que la solitaria

de Herman Buhl al Nanga y, cuatro años más tarde, al Broad Peak. En esa misma expedición desapareció en su intento al Chogolisa, en un estilo tan ligero que resulta fácil deducir fue el antecedente de Messner y Habeler al Hidden Peak. Es decir, el inicio de lo que llamamos, desde entonces, "estilo alpino".

Quizás sus antecedentes habría que buscarlos en otras ascensiones como la del sherpa Pasang Dawa Lama al Cho Oyu en 1954, que la hizo del tirón salvando cuatro mil metros de desnivel hasta la cima, subiendo con provisiones y después de haber negociado la dote de su futura mujer. Son los años en los que resplandecen figuras como Bonatti y Terray, dos de los mejores alpinistas de todos los tiempos. Y lo mejor estaba por llegar. Después de aquellas primeras ascensiones de los ochomiles, como bien explicó Shipton, el alpinismo podía comenzar. Se abrieron nuevas rutas, se escalaron nuevas vertientes... Hay tantos nombres que resulta imposible enumerarlos a todos. Desde luego la labor de alpinistas como Chris Bonington o Doug Scott fue imprescindible para lo que vino después. Y luego, a comienzos de los ochenta, empezaron otros jóvenes audaces a abrir nuevas vías, planteándose nuevos objetivos en los que primaba el estilo ligero y rápido y un grado de exposición muy elevado. Algunos de ellos marcaron este periodo como MacIntyre, Boardman, Tasker, Kukuczka, Kurtyka, y sus compañeros polacos que sobresalieron en el «arte de saber sufrir». Hasta llegar a Tomaz Humar y Ueli Steck. No se puede esconder la realidad de que muchos de ellos murieron en su intento de realizar escaladas que traspasaban todos los límites.

Si tuviera que quedarme con una sola escalada que simbolizase el enorme riesgo que supone escalar en estilo muy ligero, y sabiendo que me estoy saliendo de ese marco literario de "los catorce", destacaría la escalada de la pared oeste del GIV realizada por Kurtyka y Schauer. Fue considerada la mejor del siglo XX, a pesar de no haber pisado la cima que habían hollado Mauri y Bonatti 27 años antes.

Y AHORA ¿DÓNDE ESTAMOS?

Los Piolets de Oro se están otorgando en siete miles muy duros, actividades muy comprometidas en rutas muy inteligentes y bellas. Quizás haya un límite para seguir llevando este estilo ligero y limpio al extremo... o quizás no. Quizás algunos de esos jóvenes, chicos y chicas extremadamente fuertes, con una nutrición y entrenamientos específicos, y contando con unos partes de tiempo más fiables que nunca antes, se atrevan a llevarlo, de nuevo, a los ochomiles. ¿O quizás no se atrevan y prefieran participar en el circo de las redes y los impactos comerciales para procurarse una vida más confortable...? ¿Será ese el reto y la gran aventura del futuro?

Fue Newton el que dijo que si alguna vez fuimos grandes fue porque nos aupamos a hombros de gigantes. Todos dependemos unos de otros. Seguimos sus pasos y la Historia, también una épica y una ética que compartimos. Echando la vista atrás y analizando lo que hicieron aquellos alpinistas 200 años antes que nosotros, tenemos muchos motivos para ser humildes y darnos cuenta de que ellos eran auténticos gigantes a los que debemos todo.

NEZABUDKA, CINCO INOLVIDABLES DÍAS EN EL NANGA PARBAT

EL NOMBRE EN RUSO DE LAS FLORES «NOMEOLVIDES» FUE EL ESCOGIDO POR PIPI CARDELL Y DENIS URUBKO PARA SU NUEVA LÍNEA EN LA «MONTAÑA DESNUDA». LA GRANADINA ES LA PRIMERA MUJER EN ABRIR VÍA EN UN OCHOMIL EN ESTILO ALPINO.

Teníamos claro que lo intentaríamos en una montaña de Pakistán y ambos sentimos una atracción singular por el Nanga Parbat. En parte por la historia que la rodea, también por su estética y por algún suceso anterior que la liga a nuestras vidas. El plan era salir del campo base a las seis de la mañana, pero no paré de vomitar desde la noche anterior. Llegué con un problema estomacal al que los médicos le han puesto diferentes nombres, pero para el que no saben darme una solución. Denis está tenso, tenemos los días contados y si no tiramos hoy para arriba, lo vamos a tener complicado, dado que la previsión meteorológica vaticina lo peor.

A las diez de la mañana dejamos nuestra tienda sin despedirnos de los pakistanís que han estado cuidando de nosotros; es nuestra manera de expresar que en unos días estaremos de vuelta. Para acometer una vía de este tipo, sobre un cálculo aproximado, debemos llevar todo lo necesario para escalar y sobrevivir en altura de manera autónoma. Nos llevamos una grata sorpresa al alcanzar el Campo I de la

vía normal en 2,30 h. Aquí nos cambiamos de calzado y encordamos para adentrarnos en el glaciar Diama. En este punto nos separamos de la vía clásica. No queda nadie en la montaña; el resto de expediciones han bajado de cima o se han retirado.

El calor va despojando a las montañas de su manto blanco y las convierte en una especie de cadáver que se desintegra y descarna hasta llegar a la médula de un hielo oscuro y sucio. Tenemos que correr lo más rápido posible para escapar de esta trampa. En otras dos horas, hemos atravesado la zona de grietas hasta alcanzar un

lugar seguro a 5300 m en el que establecer nuestra tienda. Tras descansar unas horas, estamos listos para acometer la escalada.

Al poco de ascender los primeros metros, debemos cruzar un río de agua que baja por nuestro corredor y nos cubre hasta media bota. Un escalofrío me estremece pensando en un sérac que pende sobre nuestras cabezas. Intuyo que Denis debe haber experimentado algo parecido, porque acelera hasta una velocidad que a esta altitud únicamente es posible mantener estando muy fuerte, como él, o estando poseído por el miedo, como yo.

A partir de los 5500 m la pendiente se acentúa hasta los 60º, y la nieve podrida da paso a un hielo duro y negruzco. Denis cambia las hojas de sus piolets por otras más agresivas y comenzamos a escalar a largos de cuerda. La noche llega a su fin, amanece y seguimos escalando sin parar, como autómatas. Gracias a los entrenamientos y escaladas que hemos realizado juntos en estos últimos 10 años, hemos creado un código verbal que nos ayuda a operar muy rápido. Llevamos 14 largos cuando los rayos del sol tocan la parte alta del corredor. En cuestión de minutos, parece como si hubieran volcado sobre nosotros un remolque cargado de piedras. Al principio son de tamaño pequeño, y un par de ellas me impactan en la pierna y en el pecho, pero lo peor está por venir. Las dimensiones de los pedruscos comienzan a ser preocupantes; los proyectiles nos pasan rozando. Decidimos

escalar por el muro de roca que delimita el corredor por la izquierda. Acondicionamos una pequeña repisa, en la que apenas cabemos sentados, y nos aseguramos con un par de friends.

El cielo se oscurece por segundos. Sacamos de la mochila la tela de la tienda y, fijando un extremo a la pared, nos la echamos por encima. Pasamos así las siguientes siete horas. Por momentos, sufro pequeños ataques de pánico pensando en cómo vamos a salir de allí. A las siete de la tarde, parece que lo peor ha pasado y decidimos retomar la escalada en la oscuridad. Oigo el silbido de las piedras pasándonos cerca, pero como ya no las veo, intento pensar que no existen.

Llevamos ya dos noches escalando sin detenernos. Tras sumar 33 largos, salvando 1000 m de desnivel y 1600 de recorrido, llegamos a una zona más llana pero sin posibilidad de establecer la tienda, así que continuamos avanzando en ensamble. Agotados y sedientos, nos paramos en el labio de una grieta. Estamos a 6420 m; hemos superado una parte importante y dura de la vía, pero las dificultades no han acabado. No queremos perder otro día más, por lo que calculamos descansar unas horas y seguir, pero una nueva tormenta desbarata nuestro planes.

A las 2:00 de la madrugada cruzamos una pendiente surcada de grietas que nos obliga a avanzar despacio. Éramos conscientes de que en este tramo encontraríamos nieve profunda, por lo que nuestros pasos se dirigen a la arista buscando terreno mixto, más técnico, pero en el que nos hundiremos menos. Ha amanecido, el cielo luce de un azul tan puro que corta la respiración. La escalada se ha vuelto más benévola y majestuosa. Al fin alcanzamos el punto álgido de la arista que conduce al collado Kolblinger. «Hemos superado lo más complicado. Nos queda abrir huella y resistir», me dice Denis. Erguido frente a la cara norte, su mirada se pierde en la inmensidad del Nanga. Distingo un brillo diferente en sus ojos. En los diez años que llevamos juntos, es la primera vez que le veo asomar una lágrima.

Nuestra siguiente noche la pasamos por encima de los 7000 m. A partir de

FOTOS: DENIS URUBKO

LÍNEA SEGUIDA POR DENIS Y PIPI EN LA CARA NORTE DE NANGA PARBAT, QUE TRAZARON DEL 6 AL 10 DE JULIO DE 2025, SOLOS EN LA MONTAÑA.

aquí, nos espera atravesar en diagonal dos corredores cuya pendiente favorece el riesgo de avalancha. Para evitar el peligro, debemos dar un rodeo, trazando una U invertida por terreno mixto.

Ahora soy yo la que se emociona. Hemos llegado al plató superior, donde cruzamos nuestra vía con la ruta clásica. Siento una falsa sensación de seguridad por estar ante terreno conocido, aunque las tormentas y el viento han borrado toda traza. Avanzamos abriendo huella hasta los 7350 m. La nieve nos cubre hasta el metro de profundidad, pero saber que estamos tan cerca de alcanzar nuestro objetivo nos proporciona una fuerza adicional. Este es nuestro quinto día en la montaña y el último campo antes de salir a cima. Nos queda algo de gas, pero la comida escasea. Me veo obligada a compartir con Denis algo de pasta y a mi problema de estómago le sienta fatal. Es eso o ir a cima sin haber comido nada, algo que no me puedo permitir. Lo ingiero pensando en positivo, en un intento porque mi cuerpo lo acepte, pero a mitad de noche salgo como un rayo de la tienda, soy un grifo abierto. Pierdo todo el líquido y las calorías. «Denis, estoy segura que puedo continuar. Las fuerzas no van a ser las mismas, pero tengo claro que lo voy a intentar», le contesto ante sus dudas.

Nos lleva más de una hora estar listos para salir. En el lado izquierdo de la pirámide somital hay un estrecho corredor con una pendiente de unos 50° vir-

gen. Es un final elegante para nuestra vía, sin duda a la altura de este gran desafío.

Unos 800 m de desnivel nos separan aún de la cumbre. El Nanga posee unas dimensiones monstruosas. Tengo la sensación de estar caminando sobre el lomo de una bestia por la que avanzo con sumo cuidado para no enfurecerla. El camino a la cima se ha convertido en una batalla final, un cara a cara en el que a ratos pienso que me voy desplomar. Alzo la vista hacia la cumbre y casi me parece oír su llamada, pero continúa siendo una voz muy lejana. Mi voluntad es mucho más fuerte que el vendaval y que el deseo de mi cuerpo por detenerse. La lucha me hace fuerte, paradoja de las pasiones, y conduce mis pasos al punto más elevado del Nanga Parbat.

-¡Denissss! ¡Cimaaa! Casi no lo puedo creer…

-¡Mashaaa! ¡Lo hemos logrado!

El viento extremo no nos permite disfrutar del momento más que unos minutos en los que no hay cabida para la contemplación. El descenso por la vía normal será una prueba de resistencia y de poner en práctica todos nuestros recursos para evitar un fallo en el caos de cuerdas rotas de la ruta normal. Más de 3000 m de desnivel en 12 h de máxima concentración; trabajamos duro para escapar de allí cuanto antes. Al fin estamos fuera del glaciar. Las primeras flores de *Nezabudka* (Nomeolvides), nos saludan mecidas por una suave brisa.

Mª José **CARDELL** 'Pipi'

RESCATES
EN ALTITUD

LOS ACCIDENTES EN LAS GRANDES MONTAÑAS PONEN DE MANIFIESTO LA ENORME COMPLEJIDAD Y EL RIESGO QUE ENTRAÑAN LAS OPERACIONES DE AUXILIO EN COTAS EXTREMAS, DONDE INTENTAR SALVAR UNA VIDA MUCHAS VECES IMPLICA PONER EN PELIGRO LA PROPIA. EN ESE LÍMITE AFLORAN DILEMAS ÉTICOS DIFÍCILES DE RESOLVER: LA RESPONSABILIDAD INDIVIDUAL, LA SOLIDARIDAD, LA RENUNCIA A UN PROYECTO LABRADO CON ESFUERZO DE AÑOS O LA LEGITIMIDAD DE ARRIESGARLO TODO POR LA IMPRUDENCIA AJENA. EL GEÓLOGO, ALPINISTA Y ESCRITOR SITO CARCAVILLA ABORDA EN ESTE ARTÍCULO LAS LUCES Y SOMBRAS DE ESTAS SITUACIONES, INVITANDO A REFLEXIONAR SOBRE LOS VALORES, LOS LÍMITES Y EL SENTIDO DEL ALPINISMO ACTUAL.

FOTOS: SITO CARCAVILLA

HELICÓPTERO DESPEGANDO DEL CAMPO BASE DEL MANASLU PARA EVACUAR A VARIOS ALPINISTAS RESCATADOS A MÁS DE 6500 M DE ALTITUD, EN LO QUE EN EL MOMENTO FUE UNO DE LOS RESCATES REALIZADOS A MAYOR ALTITUD.

DOS MOMENTOS DEL RESCATE DE CARLOS SORIA EN EL DHAULAGIRI: CUANDO LE SACARON DE LA CAMILLA PARA METERLO EN EL HELICÓPTERO DE SIMONE MORO (ARRIBA), QUE LE EVACUÓ DESDE EL CAMPO 2.

Creo que no me equivoco si digo que lo que nos gusta del alpinismo es la intensidad de las vivencias al escalar montañas. Eso implica ilusiones y éxitos, pero también decepciones, fracasos e incluso accidentes. Es más, quien más y quien menos, todo el que haya salido a la montaña seguro que ha vivido de cerca un accidente, ya sea propio, de compañeros o de personas con las que ha coincidido. Al fin y al cabo, como dice Sebas Álvaro, el alpinismo consiste en saber gestionar el riesgo y, a veces, por caprichos del destino o simplemente porque algo ha salido mal, los accidentes ocurren. Precisamente porque asociamos al alpinismo vivir experiencias intensas, las historias de accidentes y rescates en alta montaña figuran entre las más épicas.

La literatura de montaña está llena de casos paradigmáticos de supervivencia, desde los referidos a la tragedia del Everest de 1996 (plasamada en los libros *Mal de altura* de Jon Krakauer y *Everest 1996* de Anatoli Bukreev y G.W. DeWalt) hasta los más recientes de Elisabeth Revol y Denis Urubko (que relataron en *Vivir. Mi tragedia en el Nanga Parbat* y *La elegancia de la eficiencia*, respectivamente) e incluso mi libro favorito de montaña, *Cita con la cumbre*, de Juanjo San Sebastián. Todos ellos describen cómo se actuó en los diferentes rescates. Hay muchísimos más ejemplos, solo he citado algunos de los más recientes en los que, más allá de la supervivencia, se describe cómo algunas personas se implicaron y arriesgaron para salvar a alguien. Y si hay una conclusión que se puede extraer de estos casos y de muchos otros, es que hay que estar ahí para opinar. Los enfoques totalmente distintos del mismo accidente de los libros de Krakauer y Bukreev son un buen ejemplo de cómo una misma situación puede entenderse de manera muy diferente. Rescatar a alguien por encima de los 7000 metros de altitud es muy complicado y peligroso. Así que opinar desde casa sobre cómo se tiene o se tenía que haber actuado es muy aventurado.

OSWALD R. R. PEREIRA

El alpinista Sito Carcavilla, autor de este artículo, es compañero habitual de Carlos Soria en sus expediciones. En mayo de 2023 ascendía con él al Dhaulagiri (8167 m) cuando la caída accidental de un sherpa arrastró a cuatro personas, entre ellos a Carlos Soria (con 84 años) provocándole la rotura de una pierna con fractura abierta, a 7770 metros de altitud. Su destino parecía sentenciado, pues nunca antes se había llevado a cabo un rescate en esas circunstancias desde ese lugar tan expuesto. Sito fue el principal coordinador del rescate, en el que se implicaron una veintena de personas tanto dentro como fuera de la montaña —entre ellos los polacos Bartek Ziemski y Oswald Pereira, que se desplazaron hasta allí desde Katmandú para ayudar —y pudieron sacarle con vida. Lo narra en su libro *Dhaulagiri, historia de un rescate* (Ed. Desnivel, 2024). Sito también es autor de *Los ochomiles de Carlos Soria* (2025), *Crónicas del Himalaya* (2023), *Geologías desde el campo base* (2020) o *Montañas* (2016), entre otros.

CAMBIO DE PARADIGMA

El alpinismo actual a montañas de 8000 metros es como es, nos guste o no, seamos más "puristas" o no, y evoluciona (más bien involuciona) al mismo ritmo que nuestra sociedad. Cada vez más gente acude a estos picos y, cuantos más alpinistas vayamos, más accidentes habrá, por una simple cuestión de estadística. La pregunta es, ¿en proporción, hay más accidentes en altitud hoy en día que hace años? Sí, sin duda. Hay dos motivos para ello. El primero es que hasta hace un par de décadas los alpinistas acudían a las grandes montañas como resultado de una progresión lógica, escalando primero en las montañas de su país y yendo luego a cordilleras cada vez más altas: Alpes, Andes y, finalmente, Himalaya u otras de Asia central. Tenían, por tanto, un bagaje a sus espaldas. Sin embargo, hoy en día muchos de los coleccionistas de ochomiles no son escaladores y no tienen experiencia previa (es habitual que del Kilimanjaro pasen directamente al Everest). Dependen totalmente de las cuerdas fijas, la ayuda de los sherpas y el conocimiento de terceros, ya que si surge algún imprevisto no tienen habilidades para gestionarlo.

Por otro lado, casi el 100% de los expedicionarios son miembros individuales, agrupados por las agencias para abaratar costes con los permisos de expedición, pero que no forman un equipo real. Quizá algunos de ellos suban juntos porque coinciden en fechas, estado de forma y objetivos, pero cada uno tiene sus propias metas y la cumbre de uno no satisface al otro. Así que dependen de los sherpas como guías y también como potenciales rescatadores en caso de problemas, porque no tienen un compañero en quien confiar.

Se supone que el alpinismo es libertad, felicidad, amor por la naturaleza y por el deporte. La muerte y los accidentes están ahí, aunque suponen un porcentaje mínimo y todos tratamos de evitarlos... ¿Seguro? No, no todo el mundo. Hay situaciones imprevisibles y mala suerte, pero también mucha imprudencia y mucha ineptitud. Yo mismo he tenido que poner los crampones a una persona cerca del campo 1 (5700 m) del Manaslu porque no sabía atárselos. También he visto cómo personas que tardaban tres o cuatro veces más de lo normal en alcanzar un campo de altura se iban hacia la cumbre, aunque era evidente que no estaban físicamente prepa-

AUNQUE YA SE ESTÁN HACIENDO PRUEBAS CON DRONES, DE MOMENTO EL HELICÓPTERO ES CASI LA ÚNICA MANERA DE SACAR A ALPINISTAS ACCIDENTADOS A GRAN ALTITUD. ABAJO, AYUDANDO A UN HERIDO A SALIR DEL HELICÓPTERO, Y PRIMERAS ATENCIONES EN EL CAMPO BASE.

radas y que les iba a tocar vivaquear; luego encima se sorprendían de las consecuencias. He coincidido con alpinistas que planificaban el día del intento de cumbre con meses de antelación atendiendo solamente al calendario, o que ignoraban las previsiones meteorológicas y se lanzaban a la cumbre a pesar de que se avecinaba un vendaval. También he visto cómo se consideraba un éxito una expedición en la que ha-

cían cumbre diez personas, pero dos de ellas morían y cinco sufrían congelaciones importantes. También conozco un alpinista al que por dos veces le cayó una piedra porque, aunque la gente le avisó, no lo escuchó porque iba escuchando música con los auriculares. No una, sino dos veces; no aprendió de la primera, aunque le rompió una pierna, y la segunda le dio en la cabeza, partiendo el casco en mil pedazos y el cráneo en dos.

INTERROGANTES DE DIFÍCIL RESPUESTA

Yo, después de 20 expediciones, estoy seguro de dos cosas: la primera, que la gente no aprende fácilmente de los erro-

OSWALD R. PEREIRA

res, y la segunda, que existe un ángel de la guarda porque, si no, deberían pasar más cosas. El problema viene cuando te toca a ti ser el ángel de la guarda. Imagínate la situación: llevas varios años preparando una expedición, llevas también varios años ahorrando dinero para pagarla, meses entrenando duro, toda una vida aprendiendo técnicas de montaña, y te las has arreglado (o desarreglado) para superar el sacrificio personal, afectivo y laboral que puede suponer dejarlo todo durante dos o tres meses para intentar escalar una montaña de ocho mil metros de altitud. Y, de repente, te enteras de que esa persona que no sabía ponerse los crampones está en apuros. O que los que decidieron hace seis meses que el día cumbre sería el 20 de mayo, pasara lo que pasara, tienen problemas. O que también los tienen quienes leyeron contigo el parte meteorológico y, a pesar

«RESCATAR A ALGUIEN POR ENCIMA DE LOS 7000 METROS DE ALTITUD ES MUY COMPLICADO Y PELIGROSO. ASÍ QUE OPINAR DESDE CASA SOBRE CÓMO SE TIENE O SE TENÍA QUE HABER ACTUADO ES MUY AVENTURADO»

LOS RESCATES EN ALTITUD REQUIEREN NO SOLO UNA GRAN FORTALEZA, TAMBIÉN UNA GESTIÓN LOGÍSTICA Y TÉCNICA –COMO EL MONTAJE DE REUNIONES EN PENDIENTES ESCARPADAS– MUY EXIGENTE.

de que anunciaba condiciones terribles, decidieron subir, sabiendo que tú te quedabas. ¿Qué deberías hacer? ¿Ayudarles, y renunciar a tu proyecto y a tu sueño? ¿Jugarte unas congelaciones, que pueden ser tan severas que impliquen amputaciones por intentar rescatarles? Y suma a todo eso que ayudar a alguien por encima de 7500 metros es rara vez eficaz y posible.

A cambio, ¿quiénes somos nosotros para decidir a quién ayudamos o quién no cuando se está en serios apuros? ¿No es inmoral no ayudar a quien lo necesita? ¿Qué sabemos de por qué ha llegado a esa situación? ¿Acaso importa si ha sido un accidente o negligencia? ¿Es ético considerar que "se lo ha buscado" por su actitud imprudente e incluso egoísta? Entonces, ¿qué haces? ¿Lo ignoras todo y pasas junto a alguien que está agonizando o que sabes que va a sufrir hasta la extenuación? O, ¿lo dejas todo por ayudarle (si es que es posible, insisto) y arriesgas tu integridad física?

El tema es muy complejo y la casuística es infinita. Hay casos de alpinistas que han recibido las máximas condecoraciones de un país por rescatar a compatriotas. Pero también conozco alpinistas que fueron rescatados y se indignaron por ello; personas que renunciaron a un rescate en helicóptero porque no quisieron pagar un seguro, pero requirieron la ayuda de muchos sherpas y alpinistas que altruistamente les ayudaron a bajar vivos; alpinistas que también necesitaron un importante despliegue de personas para llegar al campo base, pero se negaron a que les suministraran oxígeno artificial, medicamentos o una evacuación en helicóptero para que su ascensión fuera "pura". Y alpinistas que acuden a países del tercer mundo porque es muy barato pero, en caso de accidente, exigen ser tratados como si estuvieran en un hospital europeo. ¿Qué se le puede exigir a un alpinista (tanto al accidentado como al rescatador)? Si un montañero no quiere ser rescatado, ¿se le puede obligar? ¿Dónde está el límite de lo ético en estos casos? ¿Cuál es el "precio" que se debe pagar por una cumbre? ¿En qué consiste el éxito de una expedición? ¿En qué consiste la imprudencia en el alpinismo? Sin "imprudencias", ¿evolucionaría el alpinismo? Pero, entonces, ¿debemos esperar ayuda de los demás? ¿Es exigible éticamente? ¿O cada uno que apechugue con sus decisiones?

EL CASO DE NATALIA NAGOVITSYN

Un ejemplo reciente refleja bien las difíciles cuestiones que plantea un accidente a gran altitud. El verano pasado tuvo gran repercusión mediática que las autoridades de Kirguistán abandonaran el rescate de Natalia Nagovitsyn en el pico Pobeda (7440 m) —en la cordillera de Tian Shan , fronteriza entre China y Kirguistán— quien se había accidentado 15 días antes. A pesar de fracturarse una pierna, consiguió llegar a una tienda de campaña del campamento más alto. Se inició un rescate en el que perdió la vida el alpinista italiano Luca Sinigiglia, y más tarde un helicóptero del Ministerio de Defensa se estrelló provocando lesiones serias a varios de los rescatistas. Para las autoridades locales ya era bastante y decidieron finalizar el rescate, a pesar de las quejas y reclamaciones de su hijo. Cuestión de enfoques: para las autoridades no tenía sentido arriesgar más vidas que las que podían salvar; para el hijo, el rescate de su madre tenía sentido costara lo que costara.

CORRUPCIÓN DE ALTOS VUELOS

Otro tema es el de los rescates fraudulentos. En las últimas semanas se ha destapado, por segunda vez, el frau-

de de los rescates en Nepal. En este país pueden operar compañías privadas, a diferencia de lo que ocurre en China y Pakistán, donde el espacio aéreo es competencia militar y, por tanto, los rescates en helicóptero pasan por el ejército. Así, si un alpinista sufre un accidente en Nepal, se envía un helicóptero que lo rescata y lo lleva directamente a un hospital. El fraude consiste en simular una enfermedad o accidente para ser rescatado, de manera que el desplazamiento en helicóptero de vuelta a Katmandú y la estancia en el hospital la pagará el seguro de accidentes. Generalmente esa suma puede superar los 50.000 euros. Así, la agencia de rescate cobra al alpinista por el traslado una cantidad asequible (aunque luego se la cobrará íntegramente al seguro) y este consigue una vuelta rápida y barata casa, y ambos contentos.

Un estudio realizado en 2020 confirmó que casi un 40% de los rescates en Nepal eran fraudulentos, y que en 2022 se realizaron 1600 rescates en helicóptero, frente a los 200 de unos pocos años antes. Ahora, en 2026, la trama ha sido de nuevo descubierta e incluso se ha detenido a seis personas acusadas de defraudar 20 millones de dólares a las aseguradoras. En montañas como el Everest es una práctica habitual entre clientes poco cualificados que se quieren ahorrar cruzar la peligrosa cascada del Khumbu en la bajada. No hay duda de que la picaresca y la comercialización se han extendido en las cumbres más altas del Himalaya. Es un simple reflejo de la sociedad actual, con ejemplos extrapolables a otras montañas más bajas e incluso a otras facetas de la vida que nada tienen que ver con el alpinismo.

LOS VALORES DEL ALPINISMO

Sin embargo, en este panorama de negatividad, siempre hay esperanza. En los últimos años ha habido algunos rescates que muestran que los valores del alpinismo siguen vigentes. La colaboración desinteresada y arriesgada de Bartek Ziemsky y Oswald Pereira en el rescate de Carlos Soria, viajando desde Katmandú hasta el campo 2 del Manaslu en 2023 para ayudarle a bajar es un buen ejemplo. También lo es el rescate por parte de los también polacos Adam Bielecki y Mariusz Hatala de un alpinista indio que cayó a una grieta del Annapurna ese mismo año. Todos ellos rechazaron cualquier tipo de gratificación económica por participar en los rescates, aunque las agencias se lo ofrecieron (bueno, en realidad Bielecki y Hatala sí aceptaron una botella de vodka como compensación). También sirve de ejemplo el rescate de un alpinista italiano realizado hace unos años por Alberto Iñurrategi, Juan Vallejo y Mikel Zabalza a 7100 m en el Gasherbrun II, o el citado rescate de Elisabeth Revol en el Nanga Parbat a cargo de Denis Urubko y, de nuevo, Adam Bielecki. Y muchos casos más.

¿Qué características tienen los rescatadores citados? Fíjate en sus nombres: son unos alpinistas como la copa de un pino y, por lo que vemos, también buenas personas. Esto no significa que los grandes alpinistas sean buenas personas y los aficionados gente cruel y despiadada, simplemente que

ARRIBA, DESCENDIENDO A CARLOS SORIA DESDE UNA REUNIÓN EN UNA CAMILLA, A UNOS 6300 M DE ALTITUD. DEBAJO. EL ALPINISTA ITALIANO MARCO CONFORTOLA ATADO A LA *LONGLINE*, CON LA QUE PUDO RESCATAR A OCHO PERSONAS EN EL DHAULAGIRI EN 2017; Y DENIS URUBKO JUNTO CON LUIS MIGUEL SORIANO PRESENTANDO EN LA LIBRERÍA DESNIVEL SU LIBRO, EN EL QUE DESCRIBE SU PARTICIPACIÓN EN VARIOS RESCATES.

en el alpinismo existen unos códigos que suelen ser desconocidos por las personas que acuden a las grandes montañas por postureo.

Yo creo que la esencia del alpinismo no ha cambiado, pero lo que sí ha cambiado es que a las grandes montañas hoy en día acude un nuevo perfil de personas que desconocen sus códigos y la banalizan. Pero frente al ruido, el espectáculo y la búsqueda de titulares y notoriedad en redes sociales, siguen existiendo alpinistas que entienden que subir implica también bajar juntos o, si es el caso, ayudar. Mientras esos códigos sigan vivos en las alturas, el alpinismo conservará su sentido más profundo. Por eso no todo está perdido, basta con mirar con atención, distinguir lo auténtico de lo superfluo y recordar que, en el alpinismo, lo verdaderamente importante casi nunca se mide en cumbres alcanzadas, sino en la humanidad demostrada.

Luis *Sito* CARCAVILLA

HISTORIA Y EXPERIENCIAS DE LAS MUJERES GUÍAS DE MONTAÑA

DURANTE DÉCADAS, EL OFICIO DE GUÍA DE
MONTAÑA EN ESPAÑA HA SIDO UN TERRITORIO CASI
EXCLUSIVAMENTE MASCULINO. RECOGEMOS AQUÍ LAS
VOCES Y TRAYECTORIAS DE LAS MUJERES QUE HAN
ABIERTO CAMINO EN LA PROFESIÓN, MOSTRANDO
LA DIVERSIDAD DE RECORRIDOS, DIFICULTADES Y
MOTIVACIONES QUE HOY CONVIVEN EN ESTE ÁMBITO.
HAN PARTICIPADO LAS SIETE MUJERES TITULADAS
COMO GUÍAS DE ALTA MONTAÑA ESPAÑOLAS,
ASÍ COMO OTRAS CUATRO EN DISTINTAS DISCIPLINAS
DE LOS DEPORTES DE MONTAÑA.

JUAN MIGUEL PONCE

LAS PROMOCIONES DEL EQUIPO FEMENINO DE ALPINISMO HAN DESPERTADO LA MOTIVACIÓN PARA FORMARSE COMO GUÍAS A VARIAS DE SUS INTEGRANTES. EN LA IMAGEN, EN LA EXPEDICIÓN A GROENLANDIA DE 2023 DEL EQUIPO FEMENINO, DONDE ABRIERON 8 VÍAS NUEVAS.

El origen del oficio de guía de montaña se sitúa en los Alpes a finales del siglo XVIII y comienzos del XIX, cuando viajeros, científicos y primeros alpinistas comenzaron a contratar a habitantes locales para ascender montañas que hasta entonces tenían un uso principalmente pastoril o cinegético. Con el desarrollo del alpinismo y del turismo de montaña, esta actividad fue profesionalizándose, hasta convertirse en una ocupación reconocida y regulada en muchos países, especialmente en Suiza, Francia e Italia, dando lugar a las primeras organizaciones de guías.

Es un trabajo que implica acompañar y conducir a otras personas por la montaña, a cambio de unos honorarios, asumiendo la responsabilidad técnica y la seguridad de la actividad. No solo exige un profundo conocimiento del terreno y de la técnica, sino también la toma de decisiones, la gestión de la seguridad o la adaptación de la actividad a las capacidades del grupo o del cliente, entre otras.

UN OFICIO HISTÓRICAMENTE MASCULINO

Desde sus inicios, el guiaje de montaña ha sido un oficio ejercido casi exclusivamente por hombres. Las razones son múltiples y están ligadas al contexto social de la época, con condicionantes como el acceso limitado de las mujeres a la práctica deportiva y a la montaña, o la identificación cultural del riesgo, la exploración y el liderazgo con lo masculino. Aun así, desde muy temprano existieron excepciones significativas, como la de la británica Gwen Moffat, considerada la primera mujer guía de montaña titulada, que comenzó a trabajar como en los Alpes en los años cuarenta del siglo pasado. Otra figura pionera es la australiana Alice Manfield, que ejerció como guía profesional en Nueva Zelanda a finales del siglo XIX y principios del XX. Estos casos, sin embargo, fueron excepcionales y no supusieron un cambio inmediato en la estructura profundamente masculina del oficio.

LOS ORÍGENES DEL GUIAJE EN ESPAÑA

En España, el origen del guiaje de montaña está ligado a las comunidades locales de las grandes cordilleras. En los Picos de Europa, los cainejos y cabraliegos —cazadores, pastores y ganaderos— acompañaban desde el siglo XIX a los primeros visitantes urbanos, a menudo aristócratas o burgueses, que les contrataban para moverse por las montañas que ellos conocían de manera íntima. Aunque la ascensión en 1904 al Picu Urriellu por Pedro Pidal, marqués de Villaviciosa, y Gregorio Pérez, "el Cainejo", suele considerarse un hito fundacional del guiaje español, la realidad es que mucho antes ya se realizaban ascensiones y acompañamientos guiados, aunque sin una estructura profesional definida.

En 1935 se creó el primer cuerpo nacional de guías en España, un paso importante hacia la regulación del oficio. Sin embargo, este proceso se vio abruptamente interrumpido por la Guerra Civil y la posguerra, que supusieron un largo parón tanto para el alpinismo como para la organización profesional del guiaje. No fue hasta finales de los años setenta y, sobre todo, durante la década de 1980 cuando surgió una nueva generación de guías, ya vinculados a una concepción moderna de la montaña, el deporte y la formación técnica. En ese contexto se fundó la Asociación Española de Guías de Montaña (AEGM), entidad que agrupa a los profesionales del sector y trabaja por la representación, la formación y la defensa del oficio en el ámbito estatal.

TITULACIONES Y RECONOCIMIENTO INTERNACIONAL

El desarrollo del guiaje profesional ha estado ligado también a la evolución de las titulaciones y a su encaje dentro del sistema educativo y deportivo. En España, las titulaciones oficiales han ido cambiando con el tiempo, especialmente a partir de las reformas educativas asociadas a la LOGSE y posteriormente a la LOE, dando lugar a los actuales títulos de Técnico Deportivo en las distintas modalidades: Barrancos, Escalada, Media Montaña o Alta Montaña, cada uno con sus respectivas fases de enseñanza. Este proceso de homologación de los estudios

COL. SONIA CASAS

y titulaciones ha sido complejo y no está exento de debate. Lo que se ha buscado es la equiparación con los estándares internacionales, buscando un reconocimiento más claro del oficio.

A nivel internacional, existen dos grandes asociaciones de referencia, ambas privadas: la UIAGM (Unión Internacional de Asociaciones de Guías de Montaña), que agrupa a los guías de alta montaña y establece estándares comunes para esta especialidad, y la UIMLA (Unión Internacional de Asociaciones de Líderes de Montaña), centrada en el guiaje en media montaña.

MUJERES GUÍAS DE MONTAÑA EN ESPAÑA: UNA PRESENCIA AÚN MINORITARIA

En la actualidad, la AEGM reúne unos 1700 miembros. De ellos, aproximadamente un 10% son mujeres, una cifra que refleja una mejora respecto a décadas anteriores, pero que sigue mostrando una clara desigualdad de género. La brecha es aún más evidente en la especialidad de guía de alta montaña, donde solo siete mujeres cuentan con esta titulación en España. Estos datos ponen de manifiesto que, aunque el acceso de las mujeres a la montaña y a los deportes de aventura ha crecido de forma notable, el paso hacia el ejercicio profesional del guiaje, especialmente en sus niveles más exigentes, continúa siendo limitado.

ENTRE MUCHAS OTRAS PROPUESTAS DENTRO DE SU TRABAJO COMO GUÍA DE ALTA MONTAÑA, LA VASCA SONIA CASAS PROMUEVE ENCUENTROS DE «ALPINISMO EN FEMENINO».

Para este artículo hemos hablado con esas mujeres que han alcanzado la titulación de **Guía de Alta Montaña**, con el objetivo de conocer de primera mano sus historias, sus trayectorias personales y profesionales, y los sentimientos que acompañan a un recorrido que, en muchos casos, han tenido que construir en soledad o en minoría. Además de las entrevistadas, hay una guía de alta montaña española, Rocío Arcenegui, que sacó su titulación en Inglaterra y desde hace años está radicada en Suiza, que no ha podido participar en este artículo. También hemos conversado con otras profesionales que trabajan como guías de escalada, de barrancos o de media montaña. La intención no es ofrecer una visión homogénea: aunque todas comparten el hecho de ser mujeres en un oficio históricamente masculino, cada una ha vivido su propio camino, condicionado por contextos, oportunidades y decisiones personales diferentes. Reunir esas miradas diversas nos permite comprender mejor la situación actual de las mujeres guías en España, así como la complejidad y riqueza de un oficio en constante evolución.

SONIA CASAS
FORMAR PARTE DEL CAMINO

LA VIZCAÍNA SONIA CASAS fue una pionera en el oficio del guiaje en España. Nacida en 1972, empezó a hacer montaña cuando la vida y sus circunstancias se lo permitieron, como ella misma nos cuenta: «Cuando yo nací Franco aún gobernaba. La vida era muy diferente. Más en el País Vasco. Más si eras niña o mujer. Durante la infancia mis experiencias de montaña fueron más bien anecdóticas, si bien todos los contactos con la naturaleza me entusiasmaban». En su adolescencia empezó a practicar esquí alpino y a hacer trepadas a los montes cercanos, y aquello le entusiasmaba, pero todavía pasaron unos años hasta que supo que se podía dedicar a ello: «Desconocía lo que era el alpinismo y la escalada propiamente dichas. Entonces no era como ahora que hay Internet y móviles, cientos de canales... Antes conocías lo que te llegaba en prensa escrita y después de haber pasado los filtros. No había ni tanta libertad ni tanta información. Y está claro que los padres tenían una mayor influencia en lo que recibías». Como muchos y muchas jóvenes de los noventa, fue gracias al programa *Al filo de lo imposible* cuando empezó a soñar con las montañas.

Se apuntó a un curso de escalada de la Federación de Montaña de Vizcaya, en el que era la única chica, y aprendió a escalar con los fisureros y el ocho de la época. Desde entonces em-

pezó a organizar toda su vida para encontrar compañeros para ir a la montaña. Conoció las principales zonas de escalada de España y viajó a los Alpes, la Cordillera Blanca y más destinos.

Su vida hasta entonces iba siguiendo el camino que se esperaba de ella: buena hija, buena estudiante, buena trabajadora: «Mi familia había pasado dificultades y el llegar a puestos laborales de responsabilidad era sinónimo de éxito, parecía significar que lo estabas haciendo bien. Y no podía fallar. Había conseguido lo que mis padres deseaban para mí». Así que terminó la carrera de Turismo, trabajó en una agencia de viajes en la que vendía muchos billetes a Katmandú, San Francisco, Lima... «Y llegó el momento que yo misma pedí un mes de vacaciones para ir a Nepal». Tenía 26 años y ese fue el viaje que lo cambió todo. Ascendió varios seismiles y, sobre todo, conoció por primera vez a un guía de montaña como tal: «Allí decidí que al regresar cambiaría mi vida y dejaría todo por vivir mi sueño y ser guía de montaña».

Entre sus motivaciones para ejercer esta profesión menciona sentimientos como la atención plena en el presente, o la paz y sosiego que encuentra en estos espacios: «En mis inicios para mí la montaña representaba de una parte libertad y de otra seguridad. Las rigideces y encorsetamientos cotidianos desaparecían. Podías trazar tu propio camino. Era un lugar donde descubrir mi capacidad, y cada paso o escalón que subía, me reportaba una felicidad inmensa. Nadie estaba detrás para juzgarme, solo yo y el escenario que me rodeaba».

Sonia fue una de las primeras mujeres españolas en iniciar la formación para ser guía de montaña; superó las pruebas de acceso de alta montaña en el año 2000 y se tituló como guía de alta montaña (grado medio) en la escuela de Benasque en el año 2006. Una etapa que recuerda como dura e intensa, agravada por una severa lesión en la articulación del pie izquierdo por un accidente de escalada. Posteriormente se centró en trabajar y ganar recorrido profesional. Por entonces

LA PROFESIÓN DE GUÍA IMPLICA NO SOLO CONDUCIR A LOS CLIENTES POR LA MONTAÑA, TAMBIÉN VELAR POR SU SEGURIDAD Y CONTAGIARLES EL AMOR POR EL MEDIO Y LA NECESIDAD DE SU PROTECCIÓN. ARRIBA, SONIA CASAS GUIANDO A UN GRUPO EN EL PIRINEO.

esa titulación abarcaba muchas competencias, incluidas las de trabajar en los Alpes, si bien esto cambió con los años. Se inscribió como socia nº 461 en la AEGM, y fue la primera mujer guía de alta montaña de la asociación que durante años trabajó en España reconocida profesionalmente.

Sin embargo la legislación cambió y, para seguir desarrollando su trabajo en determinados terrenos, se hizo necesaria la titulación TD3 de alta montaña. Esta se la sacó ya bastantes años después, iniciando el curso en la escuela de La Pobla de Segur (Lleida) y finalizando en la escuela madrileña Aula de Enseñanzas Deportivas en 2022, una escuela que no participa en el convenio entre la AEGM y la UIAGM.

Las actividades que realiza como guía han ido cambiando a lo largo de los años, en función de las distintas zonas donde ha vivido, de sus intereses o circunstancias personales. Suele guiar escaladas en pared, en invierno cascadas y corredores, y en verano crestas y cabalgadas. Admite que «en general las personas que nos contactan quieren hacer lo que ven a otras. Y es todo un reto convencerles de hacer otras actividades no tan conocidas pero igualmente bellas, sin colas o embudos». También lleva grupos de tecnificación y colabora impartiendo formación con escuelas de montaña de varias federaciones. Sus escenarios son muy variados, desde Pirineos, Ales, Picos de Europa… «Intento organizar el trabajo de forma que pueda economizar el tiempo. Cada vez valoro más vivir más despacio y sin estrés, porque las guías también nos estresamos. No olvidemos que somos autónomos, y eso… te quita el sueño», confiesa.

Además de organizar viajes de escalada y expediciones, hace seis años organiza unos encuentros de alpinismo en femenino, que define como «un lugar de encuentro y reunión para todas las mujeres que sientan la llamada de la montaña».

Lo más difícil de ser guía para Sonia es, como trabajadora autónoma, la parte administrativa y de gestión: «No he nacido para estar sentada ni usar el ordenador, mucho menos las redes sociales. Y la administración y la situación social actual te obligan a realizar inacabables trámites online con una dependencia extrema de los móviles, las dobles y triples validaciones de seguridad, los certificados electrónicos y nunca se acaba». Aparte de eso, menciona las dificultades relacionadas con «cuadrar fechas, vivir mirando la meteo eternamente, estar constantemente redactando programas, ofertas, presupuestos, memorias, aprendiendo mil nuevas apps y programas… Todo eso cada vez me cuesta más. Ahora siento que me restan tiempo vital. La barrera de los 50 años me ha hecho valorar el tiempo de otra manera. Las montañas están ahí, sí, pero la vida no espera».

En el otro lado de la balanza, entre **lo más gratificante de su profesión** destaca «volver sanas, unidas y con la cumbre. Es decir, que salga todo bien en términos de seguridad que, a fin de cuentas, es la razón principal por la que delegan en nosotras el hacer y la toma de decisiones». También cuenta que «muchas veces conozco personas extraordinarias y se crea una energía espectacular. Siento que soy una parte

«Ser mujer significaba debilidad y durante muchos años renuncié a mi feminidad. Fueron años muy duros»

de su recorrido acompañándoles en una actividad que puede significar un antes y un después. Que aporto más allá que eligiendo dónde colocar los seguros y manos y pies. Que la actividad no es el fin último, sino una pieza más en su camino. Hoy día la sociedad está enferma y también hacemos de terapeutas, el entorno invita a hablar y a la introspección».

En cuanto a si ha tenido que **renunciar a algo por ser guía**, sí que lo siente así, pues arrancó sin un apoyo detrás, luchando contra corriente. Además tuvo que superar grandes dificultades por una grave lesión de un accidente que le invalidó la articulación y movilidad de mi pie izquierdo: «Viví experiencias traumáticas. Algunas atacaban la dignidad. Ser mujer significaba debilidad y durante muchos años renuncié a mi feminidad. Fueron años muy duros».

Sí que considera necesario los **incentivos para aumentar la presencia femenina en las montañas** que se realizan desde las federaciones, clubs o medios: «Gracias a esos incentivos se ha conseguido tecnificar a un buen puñado de destacadas alpinistas que están elevando el rendimiento deportivo de las mujeres en esta disciplina y consiguiendo llegar donde aún no se había conseguido. Aquí y en el mundo entero. Con los equipos femeninos se les ha ofrecido el lugar donde tener compañeras iguales para poder realizar actividad, y ello ha favorecido se hayan creado grandes cordadas y equipos. Y, además, han dado lugar a nuevas vocaciones con más mujeres profesionales en este sector. Pero siguen siendo pocas; hacen falta más recursos económicos, legislativos y compromiso».

MIRIAM MARCO
CONSTRUIR REFERENTES

A MIRIAM MARCO LA MONTAÑA LE VIENE DE FAMILIA, pues ya desde niña solía hacer salidas a la montaña, tanto en verano como en invierno, y le transmitieron esa cultura. Fue ejerciendo como profesora de esquí cuando sintió «el gusanillo de lleva a la gente a esquiar al monte». Sin embargo, como tantas hijas de los 80, su único camino posible era el de estudiar una carrera —cumpliendo los sueños de unas madres que no tuvieron la posibilidad— y se licenció en Ingeniería Técnica Industrial. Se le daban bien los estudios y le gustaba lo que aprendía, pero nunca ejerció como tal, pues el trabajo

JUAN MIGUEL PONCE

implicaba estar delante de un ordenador y su prioridad siempre ha sido «estar en la montaña».

Inició la formación para ser guía en 2015 en el IES de Pobla de Segur, y en 2019 se tituló como Técnico Deportivo en Alta Montaña (TD3), convirtiéndose con ello en la primera que consiguió esta titulación en España (por entonces no era un requisito pasar previamente por el TD2 de Media Montaña, ni tampoco hacer un curso posterior para tener la certificación UIAGM como lo es ahora).

Asegura que fue un proceso en el que «costó romper estereotipos», en el sentido de «que a los hombres les costaba ver ese cambio de rol, les desubicaba». Sentía esa mirada no tanto de los compañeros sino sobre todo de los profesores, que no estaban acostumbrados a tener alumnas. Durante toda su formación siempre fue la única chica de las clases. Una vez que se puso a trabajar siguió percibiendo en ocasiones la barrera del género «por parte de los hombres de mi generación, aunque no es la mayoría, pero siempre hay alguno que le falla la autoestima. Romper roles cuesta. Por suerte, en los más jóvenes ya se nota que ha cambiado, lo ven diferente. Al menos con los que yo me cruzo creo que están más formados; sus madres y padres les han dado otro tipo de educación, sin unos roles tan cerrados. Por ejemplo en mi misma familia, el hecho de ser hijo o hija era diferente. Nuestras madres son las que más difícil lo han tenido, porque a muchas les tocaba trabajar fuera de casa y también dentro, cargar con la responsabilidad de la casa, los hijos, y demostrar que podían con todo. Creo que ha habido un cambio, se nota el trabajo que ha realizado esa generación. A la vez, obviamente, hay adolescentes enfadados porque han perdido privilegios, pero la mayoría creo que tienen otra mentalidad, al menos en el ámbito en el que me muevo, claro que no se puede generalizar a toda la sociedad. Todavía hay mucho trabajo que hacer en este sentido».

Miriam, de 45 años, ejerce también como directora del Equipo Femenino de Alpinismo de la FEDME desde principios de 2022, realizando expediciones a lugares como el Wadi Rum (Jordania), Groenlandia o Argelia, en un proyecto que han llamado *Abriendo camino*, entre cuyos objetivos están: «Dar visibilidad al alpinismo femenino y al deporte femenino en general. Además del componente deportivo y de que se conozcan las vías que hemos ido abriendo, existe esa motivación de generar referentes». Para ello, graban documentales y también van a colegios e institutos «a contar nuestra experiencia y mostrar a los niños y a las niñas que hay mujeres fuertes, que también suben montañas».

A partir de este año le ayuda en la coordinación del equipo Lucía Guichot, otra guía de alta montaña con quien hablamos más adelante. Miriam deja claro que se han podido hacer más cosas gracias a que hay más inversión, que han recibido so-

A LA IZQUIERDA MIRIAM MARCO ESCALA EN JORDANIA EN UNA EXPEDICIÓN REALIZADA EN 2022 CON EL EQUIPO FEMENINO DE ALPINISMO DE LA FEDME, DEL QUE ES LA DIRECTORA.

«La visión femenina es distinta, hemos dejado a un lado la necesidad de la batalla»

bre todo por las becas de Iberdrola. «Hay igualdad a partir de que hay más dinero», argumenta, «cuando se ha empezado a invertir en el deporte femenino se ha visto que también genera más beneficios y tiene más visibilidad».

Ella también formó parte del Equipo de Alpinismo de la FEDME en la promoción 2009-10, cuando era mixto, siendo la única mujer del grupo. Después entró en la primera promoción del equipo femenino y recuerda que «nos daban menos recursos que para el equipo de los hombres, pero la diferencia es que por entonces lo veíamos normal. Había otra mentalidad». Hoy en día puede decir que su equipo tiene incluso más dinero que el masculino, «porque me lo he peleado, estamos en otro momento, construyendo referentes sociales. Esto a los chicos les parece mal, pero lo que no se dan cuenta es que ellos llevan siglos disfrutando de sus privilegios».

También profundiza en cómo han enfocado los hombres tradicionalmente el alpinismo: «Ellos pueden ser mejores escaladores que nosotras, o más fuertes, según los parámetros que ellos mismos han creado, pero nuestra realidad es muy diferente. Al final el deporte es otra vía para generar referentes sociales, esto es así desde los griegos que inventaron las olimpiadas. La utilidad del deporte no es subir el ego de una persona, sino que la sociedad tenga referentes y valores, y en este sentido creo que el papel que hacemos las mujeres, de cambiar roles, darle poder a niñas y niños, es más importante que el impacto que pueda tener que alguien se suba un ochomil en tres minutos, por ejemplo. Aunque todavía se le sigue dando más valor a las marcas, personalmente creo que lo que estamos haciendo nosotras es más enriquecedor para la sociedad».

Sobre lo más difícil del trabajo de guía menciona «la gestión del riesgo», y lo que le parece más gratificante es «conocer sitios brutales compartiendo con gente maja». Su principal ocupación son actividades de esquí de montaña y también rutas de alpinismo, principalmente en Alpes, pero en su calendario no entra la rutina. En cualquier momento del año puede estar tanto de expedición como cerca de su casa en Benasque o en otros lugares del Pirineo.

En su caso no siente que haya tenido que renunciar a nada para ejercer este trabajo, al menos conscientemente: «Es mi manera de vivir, siendo guía o no, siempre he estado vinculada al viajar, escalar, esquiar...».

Sobre las **iniciativas que fomenten la presencia femenina en las montañas** se muestra partidaria: «Sí, creo que las mujeres también lo demandan; en un mundo donde la mayoría son hombres es muy guay compartir con otras mujeres». Esto enlaza con lo que argumentaba de la visión masculina y femenina del mundo: «Históricamente en la sociedad hemos tenido

MARINA FERNÁNDEZ
DISFRUTAR LA MONTAÑA

TAMBIÉN A MARINA EL VÍNCULO MONTAÑERO le viene casi desde la cuna: «Tanto mi padre como mi madre son unos apasionados de la montaña, practicaban y practican todas las disciplinas (escalada en roca, alpinismo, esquí de montaña) y desde que era muy pequeña íbamos siempre por toda España y bastante a menudo a los Alpes». Fue el aburrimiento de su trabajo como administrativa lo que le llevó a decidir cambiar de vida: «Pensé que sería buena idea probar a dedicarme a lo que más me apasionaba, que era la montaña, y empecé a sacarme las titulaciones. Mi objetivo era llegar a ser guía de alta montaña UIAGM porque me gustan todas las especialidades y lo conseguí». Esta es una de sus mayores satisfacciones, y sobre todo «que mis compañeros me respeten, valoren mi forma de trabajar y quieran trabajar conmigo».

Sacó la titulación de TD3 Alta Montaña en la escuela vasca Kirolene. Aunque es originaria de Madrid, no tardó en fijar su residencia primero en Pirineos y actualmente en los Alpes, que es donde más trabajo tiene, aunque también viaja mucho: «Me gusta variar en el trabajo y hacer actividades nuevas, que no haya hecho antes, porque mantienes la cabeza más despierta».

Afirma que lo más difícil de ser guía es que «es un trabajo muy mental. Todo el rato tienes que estar pensando en horarios, posibles cambios, la meteo y condiciones… Además, como me gusta variar bastante o hacer cosas que no he hecho antes, eso te requiere "pensar" más. Hay veces que durante o después de temporadas muy intensas no te apetece pensar, quieres hacer actividades en la montaña pero que te den el plan hecho». Y lo más gratificante lo tiene claro: «Ver la ilusión de la gente cuando llega a una cumbre o hace alguna vía en la que se ha esforzado».

Tampoco en su caso ha sentido que ser guía de alta montaña haya significado una **renuncia**: «Creo que no he tenido que renunciar a muchas cosas. No soy madre porque no me ha llegado el momento, pero creo que si quisiera serlo sería compatible, obviamente nada fácil pero posible».

Incentivar desde clubs, asociaciones o federaciones que haya más presencia femenina en las montañas le parece algo positivo: «Creo que es una buena iniciativa, todo lo que sea mostrar a la sociedad que las cosas no tienen género es necesario, que no hay aficiones o actividades de hombres o mujeres y que no hay profesiones de hombres o mujeres».

MARINA FERNÁNDEZ DEJÓ SU TRABAJO COMO ADMINISTRATIVA PARA HACERSE GUÍA DE ALTA MONTAÑA, Y NUNCA SE HA ARREPENTIDO. ARRIBA, EN SU TERRENO PREDILECTO: LA ESCALADA EN HIELO.

una perspectiva muy masculina, siempre buscando la competencia, quién es el más fuerte… Las mujeres no tenemos esa necesidad de competir. Claro que estoy generalizando, pero lo que veo es que tenemos una visión más empática, de trabajo en equipo. Por poner un ejemplo, el pasado fin de semana he estado con veinte mujeres en un curso de esquí de montaña, y no ha habido ninguna lucha de egos. Si íbamos más lentas o más rápido no era importante, se priorizaba el disfrute de la actividad, el aprendizaje, que todas estuviéramos bien por encima del objetivo deportivo. Esto no quita que no seamos competitivas, que no es malo, pero lo somos desde un punto de vista de crecimiento tanto personal como colectivo. En mi caso, cuando estaba en la formación, muchas veces lo que me han transmitido es que la montaña era una guerra, que a los profesores se lo habían hecho pasar mal y ellos iban a hacer lo mismo con sus alumnos, perpetuar esa lucha. Pero nuestra visión ahora es distinta, en femenino, hemos dejado a un lado la necesidad de la batalla. Es lo mismo que ocurre en el mundo empresarial; antes las mujeres que llegaban a jefas tenían que comportarse como los hombres, pero ahora ya se acepta otro liderazgo en femenino, con otros valores. Es un cambio social en el que estamos pero en el que todavía necesitamos seguir avanzando».

«Las cosas no tienen género. No hay hay profesiones de hombres o mujeres»

LUCÍA GUICHOT
POR EL CAMINO ELEGIDO

LUCÍA, MADRILEÑA, NO HABÍA CUMPLIDO los 10 años y ya había escalado el Hueso de la Pedriza, entre muchos otros riscos a los que le llevaba su padre, el conocido escalador Juan Carlos Guichot 'Papila'. Creció prácticamente entre paredes, acostumbrada a acampar y moverse por el monte, y acompañaba a su padre cada verano cuando trabajaba de guía de montaña y barrancos a los Pirineos, participando muchas veces en sus grupos "de cañones". Sin embargo, realmente no se planteó un futuro en la montaña hasta bastante después. Estudió Bellas Artes en Madrid y realizó diversos trabajos, aunque la idea de "ser alpinista" le atraía. El punto de inflexión definitivo fue su ingreso en el Equipo Femenino de Alpinismo de la FEDME, en la promoción de 2018-19. Aquí descubrió su verdadera vocación y, sobre todo, pudo conocer a otras mujeres con las mismas inquietudes, con las que compartir cuerda y aventuras. Después de trabajar en los Alpes fue cuando descubrió la posibilidad de ser guía de alta montaña. Su formación completa la ha realizado en la escuela de La Pobla de Segur, en Lleida, donde fue progresando hasta convertirse en TD3 Alta Montaña, con el posterior reconocimiento UIAGM.

El principal **escenario de su trabajo** ha estado y sigue estando en los Alpes: «He trabajado muchos años en Chamonix, haciendo trekking como el Tour del Mont Blanc, y recientemente, la ruta normal del Mont Blanc», y también en las montañas más cerca de casa: «En el Pirineo lo que más hago son cursos de alpinismo y esquí de montaña».

A Lucía lo que le parece **más exigente de su profesión** es «ser constante, estar siempre en forma y mantener alta la motivación. Creo que es un trabajo muy bonito y gratificante pero también exigente tanto física como mentalmente». Y lo que más le gusta es «trabajar en el exterior, en el entorno que más me gusta, la montaña. Y también compartirlo con otras personas».

El ambiente en el que creció ha sido igualitario, su familia siempre la ha apoyado en su decisión y asegura que, en su caso, no ha sentido **ningún tipo de discriminación** por el hecho de ser mujer en un entorno tradicionalmente masculino. Tampoco siente que haya tenido que renunciar a nada por ser guía

A LA IZQUIERDA, LUCÍA GUICHOT DURANTE SU ESCALADA DE LA *ETERNAL FLAME* A LA TORRE SIN NOMBRE, EN EL GRUPO DEL TRANGO, QUE HIZO CON NIEVES GIL EN 2024. Y A LA DERECHA, NOELIA ORTIZ APLICANDO LA TÉCNICA DE CUERDA CORTA EN UN GUIAJE EN PIRINEOS.

de montaña: «Ha sido un camino elegido. Pero por supuesto que hay renuncias, ¡no se puede estar en dos sitios a la misma vez!». Aunque sí que admite una precisión con respecto al tema de la maternidad: «Bien sea por falta de referentes o por falta de compatibilidad, no veo cómo se puede ser madre y guía de alta montaña a la vez. Ahí sí que contemplo una renuncia».

Su paso por el Equipo Femenino de Alpinismo, primero como alumna y actualmente como responsable ayudando a Miriam Marco, fue definitivo en su vida, y por eso apoya plenamente las acciones que se dirigen a fomentar la presencia femenina en las montañas: «Yo he pasado por una de estas iniciativas y puedo asegurar que cambió el rumbo de mi vida. La repercusión de las estructuras e instituciones es muy importante en el desarrollo de la sociedad».

NOELIA ORTIZ
ACOMPAÑAR A CRECER

LA ASTURIANA NOE ORTIZ vino al mundo hace 50 años en un día de grandes nevadas, y dice su madre que desde entonces le nació el amor por la nieve y las montañas. Empezó a practicar el esquí de niña con sus tíos, a quienes solía visitar en su pueblo del Parque Natural de Las Ubiñas: «Recuerdo ese lugar como un espacio de felicidad absoluta: animales, naturaleza, libertad, gente cercana, buena comida... lo tenía todo. Para mí, la montaña siempre fue hogar, no solo un lugar al que ir». En su caso empezó la formación de guía ya "de mayor", con hijas crecidas y un trabajo asentado, pues sentía la necesidad de aprender: «Quería conocer las técnicas, entender el medio, ser independiente en la montaña y saber gestionar el entorno y las situaciones que surgen en él. La formación como guía de

JESÚS VELASCO

«ESCALAR CON LOLA ES TODO UN APRENDIZAJE PARA MÍ»
DICE NOELIA DE SU HIJA MENOR, CON QUIEN COMPARTE PASIÓN;
ARRIBA, UNO DE ESOS DÍAS EN EL PICO DE LA MIEL, LA CABRERA.

alta montaña fue, sobre todo, una herramienta de crecimiento personal: me permitió ganar autonomía, tomar decisiones con criterio propio y compartir proyectos en igualdad de condiciones. Me permitió ocupar mi propio espacio y moverme en ella con conocimiento, responsabilidad y confianza».

Ha cursado la formación en la escuela madrileña Aula de Enseñanza Deportiva, con un recorrido que no ha sido fácil, encajando las responsabilidades que tenía, para lo que fue fundamental la enseñanza mixta online y presencial que ofrecía esta escuela. «Fue un camino largo y exigente, marcado por el esfuerzo, la constancia y un compromiso absoluto. También supuso un gran sacrificio económico, pero lo viví como una inversión personal muy profunda», explica Noelia, que otorga gran parte de su logro al apoyo recibido por parte de su familia: «Fue un ejemplo claro de que los procesos personales importantes rara vez se construyen en soledad».

Su **principal actividad como guía** actualmente está vinculada a la formación: «Imparto formaciones técnicas y de progresión en montaña y escalada, mayoritariamente dirigidas a mujeres, aunque también trabajo con hombres que se acercan a estos proyectos de manera individual o en pequeños grupos. Creo firmemente en la importancia de crear espacios técnicos, seguros y de calidad donde las mujeres y los hombres puedan ganar autonomía, confianza y criterio propio en la montaña. Ese enfoque marca mi disponibilidad y la manera en la que organizo mi tiempo, pero también da un sentido muy claro a mi trabajo». También organiza expediciones de alta montaña y trekking de altura, especialmente en Nepal y

los Andes. Con todo, su dedicación al oficio de guía no es completa, sino que lo compagina con su trabajo como administrativa en una empresa propia de sistemas de cierre.

Aunque Noe no cuenta con la acreditación UIAGM, puesto que la escuela en la que se formó no tiene el convenio necesario con la AEGM, está tramitando por su cuenta las tarjetas EPC (*European Profesional Card*) obligatorias para trabajar en Europa, así como las habilitaciones pertinentes. Aquí encuentra otra de las dificultades del ejercicio de su profesión: «Resulta curioso, incluso paradójico, que siendo europea en algunos países sea más complicado trabajar con mi titulación que en otros fuera de Europa. Es una realidad administrativa compleja, a veces frustrante, pero que forma parte del camino y que afronto con la misma paciencia y perseverancia que he aplicado siempre».

Considera que **lo más difícil de ser guía** es la gestión de las expectativas del cliente: «En especial, cuando la persona tiene un objetivo muy definido y lo desea por encima de cualquier otra consideración, incluso cuando su nivel de preparación no es aún suficiente para alcanzarlo con seguridad o disfrute. En esos casos, el reto está en detectar a tiempo que el objetivo puede no ser realista en ese momento y, aun así, acompañar al cliente que se empeña en conseguirlo. Intento orientarlo, explicarle la situación con honestidad y ofrecerle alternativas que le permitan avanzar de forma progresiva hacia ese sueño. Encontrar el equilibrio entre respetar el deseo del cliente, garantizar la seguridad y preservar la calidad de la experiencia es, para mí, uno de los aspectos más complejos de la profesión».

En el otro lado, asegura que «es profundamente gratificante ver a los clientes desarrollarse y crecer, no solo como montañeros o escaladores, sino como personas: observar cómo ganan autonomía, confianza y criterio, cómo respiran libertad y se nutren de la naturaleza y del deporte, y saber que, de alguna manera, he colaborado en ese proceso».

De las guías de alta montaña entrevistadas para este artículo, Noelia es la única que ha decidido ser guía después de la maternidad; **una elección no exenta de renuncias**: «Me ha costado que se entendiera que este es realmente el camino que quiero y he querido recorrer. Durante mi juventud ya lo tenía claro, pero no me fue posible entonces. Retomar esa vocación más adelante ha supuesto tomar decisiones difíciles y asumir un alto grado de compromiso personal y familiar. Ir a entrenar teniendo dos niñas de 2 y 4 años, dejarlas con la abuela para poder disponer de apenas dos horas, o entrenar llevando a una bebé de seis meses en la espalda y a otra de tres años asegurada al arnés mientras esquiaba, forman parte de una realidad cotidiana que no siempre resulta fácil de comprender. Mirando atrás, entiendo que mi vida personal y mi vida profesional nunca han sido caminos separados. Todo lo vivido —las renuncias, los esfuerzos, las incomprensiones y también los pequeños logros cotidianos— ha dado forma a la persona y a la profesional que soy hoy. Este proceso me ha enseñado que no existen trayectorias lineales ni modelos únicos de éxito, sino tiempos,

ESTEFANÍA (ASOMADA POR LA IZQUIERDA, ENTRE LAS AGUJAS DE GRANITO DE LOS ALPES), GUÍA DE ALTA MONTAÑA Y BOMBERA GRANADINA, SUELE ESCALAR EN CORDADA FEMENINA SIMPLEMENTE PORQUE LE GUSTA.

decisiones y procesos que se sostienen desde la honestidad con uno mismo. Hoy ejerzo esta profesión con la certeza de que nada ha sido en vano».

Acerca de la necesidad de las **iniciativas para aumentar la presencia femenina** en la montaña plantea una nueva perspectiva, más de visibilizar y complementar que de forzar: «Creo que la presencia femenina en la montaña ya existe y ha existido siempre. En la actualidad, además, muchas mujeres se están organizando, creando asociaciones y espacios propios que funcionan con solidez. Este proceso responde a una necesidad real de encuentro, apoyo y reconocimiento, y está dando frutos evidentes. Desde una perspectiva educativa, considero que más que forzar la presencia femenina, el papel de federaciones, clubes y medios debería centrarse en acompañar y visibilizar esta realidad con equilibrio, respetando los tiempos y los procesos, sin generar discursos excluyentes ni competitivos entre géneros. No se trata de ocupar espacios negando la existencia del otro, sino de construir desde el reconocimiento mutuo. Creo profundamente que el aprendizaje y la evolución en la montaña —como en la vida— se basan en la interdependencia. Todos necesitamos nutrirnos del conocimiento, la experiencia y la mirada de los demás. Vincularse, trabajar en equipo y compartir responsabilidades es parte esencial del crecimiento.

A esta visión de trabajo conjunto y evolución compartida es fundamental añadir el papel de las jóvenes, que hoy tienen un protagonismo decisivo. Parten con oportunidades que generaciones anteriores no tuvimos: acceso a formaciones regladas y homologadas, a estructuras deportivas más abiertas, a referentes visibles y a una oferta de actividades más amplia y accesible. Las jóvenes cuentan hoy con condiciones mucho más cercanas a la igualdad real, lo que les permite elegir sin tantas barreras externas y construir su propio recorrido con mayor libertad y autonomía. En este sentido, la montaña ofrece una metáfora educativa muy clara: avanzamos en cordada. Nos necesitamos unos a otros para progresar; si uno falta o se desconecta, el avance se frena. Fomentar esta idea desde los espacios formativos y asociativos permite educar no solo en igualdad, también en cooperación, respeto y corresponsabilidad».

Noelia, que sigue saliendo en bici con su padre —de 74 años—, compartiendo la escalada y el esquí con sus dos hijas —Lola y Vera—, y que también vive la montaña con su compañero de vida, es muy consciente de lo imprescindibles que son todos estos fragmentos de ella misma: «Creo en educar a través del deporte, en avanzar en cordada y en que el esfuerzo compartido en la montaña siempre merece la pena. A veces miro alrededor y pienso: mira todo lo que me ha dado la montaña. Y sí, me siento profundamente afortunada».

ESTAFANÍA GARCÍA
FORMARSE POR PLACER

EL CASO DE LA GRANADINA ESTEFANÍA es particular, puesto que se formó como guía no para ejercer sino siguiendo una aspiración personal, buscando estar más preparada en sus salidas de montaña. Trabaja de bombera en Granada, una pro-

¿ALGUNA VEZ HAS SENTIDO ALGÚN TIPO DE DISCRIMINACIÓN POR EL HECHO DE SER MUJER DURANTE EL DESEMPEÑO DE TU TRABAJO?

SONIA CASAS: Sí, aunque matizo que en los más de 20 años trabajando, han sido casos excepcionales. En dos ocasiones fueron causadas por faltas de respeto de distintos clientes, con sendas agresiones verbales, una de ellas con violencia, intimidación y acoso. Y en otras fueron provocadas por escaladores coincidentes en una misma vía, creándose momentos de tensión y riesgo. Otras veces te sorprenden con comportamientos o comentarios paternalistas o proteccionistas o del tipo: «¿Es este tu guía?», cuando es tu cliente. Es hasta gracioso; poco a poco se normaliza la figura de la mujer en la profesión y son cada vez menos.

MIRIAM MARCO: Sí. Fui la primera con el TD3 de Alta Montaña en España y costó romper estereotipos.

MARINA FERNÁNDEZ: Realmente no, excepto anécdotas muy puntuales, ni con mis compañeros de clase, ni de trabajo, ni con clientes. Soy consciente de mi capacidad, tanto como la de cualquiera de ellos, y creo que se ve así en mi día a día en el trabajo.

LUCÍA GUICHOT: No.

NOELIA ORTIZ: En el entorno de práctica deportiva, de ocio, en grupos de amigos e incluso durante mi formación, no. Desde muy joven he estado vinculada al deporte en contextos muy diversos y siempre me he movido con naturalidad, respeto y reconocimiento mutuo. Tampoco durante la formación como guía he vivido situaciones de discriminación. Mi experiencia en ese ámbito fue de respeto, compañerismo y trato igualitario.

Curiosamente, donde sí he percibido ciertas situaciones de discriminación ha sido en el desempeño profesional posterior, ya ejerciendo como guía. Y no tanto —o al menos no de manera evidente— por una cuestión de género, sino más bien relacionada con la escuela en la que me formé. Ahí sí he encontrado barreras, cuestionamientos o diferencias de trato que no tenían que ver con mi capacidad, mi experiencia ni con mi trayectoria deportiva previa. Es una reflexión importante, porque muestra que la realidad es más compleja de lo que a veces se plantea. No todas las dificultades en el entorno profesional de la montaña tienen que ver con ser mujer; en ocasiones están ligadas al reconocimiento de determinados recorridos formativos o a inercias del propio sistema. Identificarlo y nombrarlo también forma parte del camino profesional.

ESTEFANÍA GARCÍA: No he trabajado apenas de guía (soy bombera), lo poco que he hecho ha sido siempre muy satisfactorio, aunque sí que tengo a veces la sensación de que tienes que demostrar siempre más que otros compañeros, que se pone sistemáticamente más en duda las capacidades de una mujer guía que las de un hombre.

RUTH FORNOS: Hasta el año pasado te diría que no he vivido ningún caso de discriminación —tanto ejerciendo de guía como escalando por mi cuenta siempre me he movido igual con amigas y con amigas—, pero es verdad que desde hace un año sí he notado algún comportamiento, sobre todo procedente de hombres mayores, en el que te das cuenta que cuestionan tu valía; pero no le doy mucha importancia, han sido veces contadas.

fesión en la que durante 15 años fue la única de su comunidad. El deporte le atrajo desde pequeña y le encaminó a estudiar Ciencias del Deporte y la Actividad Física; desde entonces sintió la inquietud de adquirir formación como Técnico Deportivo de montaña en los primeros niveles, movida por el deseo de aprender. No se veía trabajando en un instituto, así que se planteó sacar la oposición de bombera, que aprobó en 2010. En esa época sumó los cursos de TD2 de espeleología y descenso de cañones, y siguió haciendo monte por su cuenta. Ya ejerciendo de bombera ha sido cuando ha aprovechado su tiempo libre para continuar su formación, que finalizó el año pasado con el TD3 de Alta Montaña en la escuela Aula de Enseñanzas Deportivas, que es el que le quedaba más cerca, puesto que en Andalucía no hay ningún centro que imparta esta titulación.

Admite que formarse como guía le ha supuesto una importante inversión de tiempo y dinero, «pero no siento que haya renunciado a más cosas que a eso, ¡y ha merecido muchísimo la pena! Me lo he pasado genial, he conocido a gente increíble y hemos hecho actividades guapísimas en una pasada de sitios, aunque también ha habido momentos duros».

Se muestra a favor de incentivar la presencia femenina en la montaña, especialmente desde los colegios, permitiendo que niñas y niños tengan referentes y conozcan las posibilidades. Suele escalar en cordada femenina y, aunque su lista de montañas escaladas es extensa, aún son más los proyectos que tiene en mente: «Que nunca falte una montaña en tus sueños».

RUTH FORNOS
MONTAÑA EN LA SANGRE

CRIADA EN EL MUNICIPIO PIRENAICO DE BARRUERA, en el corazón de la Vall de Boí, para Ruth la montaña está conectada a sus recuerdos más intensos, cuando de niña recorría los caminos ayudando a cuidar los rebaños de ovejas o iba a ver

CON SOLO 19 AÑOS RUTH SE TITULÓ COMO GUÍA DE MONTAÑA Y MÁS TARDE FUE LA MÁS JOVEN DEL EQUIPO FEMENINO DE ALPINISMO, CON EL QUE VIAJÓ A JORDANIA (ARRIBA) E INAUGURARON EL PROYECTO «ABRIENDO CAMINO», DE ABRIR VÍAS Y PLASMARLO EN PELÍCULAS.

a los caballos. Conoció el deporte que se practicaba en ellas a través del esquí, y durante su adolescencia compitió en esquí alpino. Esto le llevó a entrar en en el Centro de Tecnificación de Alpinismo de la Federación catalana de montaña muy joven, cuando tenía solo 17 años. Ahí ya empezó a pensar en ello como un posible futuro. Es probablemente la guía de alta montaña titulada más joven, con solo 19 años, cuando hizo el curso de TD2 de Alta Montaña. Al empezar tan joven, reconoce que al principio algunos clientes le miraban con recelo, pero en cuanto se ponía a explicarles la actividad y los detalles técnicos, en general se hacía rápido con su confianza.

La legislación de las titulaciones ha ido cambiando a la par que su formación y, como ella misma reconoce, le ha tocado pasar por todas las fases. Ha realizado los cursos de técnico deportivo en el instituto de la Pobla de Segur y actualmente, aunque ya es TD3 Alta Montaña, continúa su formación otro año más para poder obtener la titulación UIAGM, que le abrirá más escenarios laborales. Está en situación de «aspirante a guía» en Francia —es la única mujer de su promoción— que espera poder culminar este año. Con 26 años, ha apostado fuerte por su futuro esta temporada fijando su lugar de residencia en Briançon, capital de la escalada en hielo francesa, donde encuentra buenas condiciones para sus escaladas y más posibilidades de trabajo.

Es evidente que ha tenido que hacer **renuncias** por seguir la llamada de la montaña, como por ejemplo este año tener que alejarse de su familia, su huerta, animales, amigos de toda la vida… pero es consciente de que cualquier elección vital implica dejar algunas cosas de lado.

En su caso **lo que más le cuesta de la profesión** es mantener la motivación a largo plazo: «Es un trabajo muy exigente, estás todo el día en la montaña, lo cual me encanta, pero a veces, después de toda la carga física y mental que implica, cuesta gestionarlo y sacar tiempo para hacer tus propias actividades con amigos, que al final es lo que más me gusta». Por este motivo, de forma paralela a su formación como guía, está preparándose para ser piloto de helicóptero. Su intención en el futuro es combinar estas dos profesiones, de forma que pueda permitirse aceptar únicamente los trabajos en la montaña que realmente le motiven, sin tener que traspasar ninguna barrera de seguridad por necesidad económica.

Lo que **más le gusta** es trabajar haciendo rutas de esquí de montaña; tiene una clientela fiel sobre todo en Pirineos, donde le llegan clientes que ya son amigos, con un buen nivel, que buscan la seguridad adicional que les aporta un guía. Compartir los momentos de felicidad de sus clientes cuando logran sus objetivos es lo que le parece más gratificante de ser guía.

Otro de los aspectos positivos que destaca es la gran familia que rodea la montaña, el buen ambiente que encuentra tanto con los compañeros y compañeras de formación y de profesión como en los refugios: «La vida del guía es muy solitaria y si en los refugios estás a gusto, te encuentras entre colegas, pues lo disfrutas todo más».

Se siente agradecida de la experiencia vivida como integrante en el Equipo de Alpinismo catalán, desde el que posteriormente pasó al Equipo Femenino de Alpinismo de

¿POR QUÉ CREES QUE ES UN COLECTIVO EN EL QUE HAY TAN POCAS MUJERES?

SONIA: En mi caso nadie me inculcó la montaña o el deporte, ni vino a contarme cosas de montañas ni a convencerme para ser guía. Las descubrí yo misma y fui ir a por ello. No me plantée que era mujer; eso me lo hicieron sentir después.

Te tiene que gustar mucho y lo tienes que tener claro. El medio y el entorno son duros, el frío, el mal tiempo… aprendes a convivir con ellos. Supongo que las que estamos sabemos lo que exige la profesión y tenemos capacidad para llevarlo y aceptamos la rudeza, la hostilidad, la incertidumbre y el esfuerzo necesarios. Gestionamos riesgos, tomamos decisiones, a veces drásticas. Se viven momentos de tensión, la respuesta al miedo es subjetiva e imprevisible en cada persona. Y tienes que lidiar con todo ello.

Y por otra parte, en general a las mujeres no se las educa, ni antes ni aún ahora, para ser fuertes o para ser o elegir lo que desean ser. Es probable que influya en su propia percepción interna, los estímulos que reciben del exterior en la tele, las redes.. ¡hay tanta basura y sexualización! Y las mujeres siguen "cosificadas", puede que ellas mismas desconozcan su propia capacidad. ¡Aún hay tanto por cambiar en tantas áreas!

MIRIAM: Entiendo que no haya tantas mujeres que quieran trabajar en la montaña, es duro, sufrido… Igual somos más prácticas, tenemos los pies más en el suelo y ponemos otras cosas por delante. Pero lo que considero importante es darle valor a nuestra forma de hacer las cosas, que es diferente a la de los hombres, sin esa necesidad de competir. Por eso nos gusta ir con otras mujeres al monte, porque podemos ser como queramos, como realmente sentimos; nadie te pide que demuestres nada.

MARINA FERNÁNDEZ: Es una profesión muy minoritaria y relativamente nueva. Entonces, teniendo en cuenta que los deportes de montaña históricamente, por motivos culturales, eran más de hombres que de mujeres, la profesión también. Pero creo que, al igual que en la montaña a nivel deportivo ahora está empezando a ser más equitativo el número de hombres y mujeres, dentro de unos años será parecido en la profesión.

LUCÍA GUICHOT: Se me ocurren dos respuestas: o porque las mujeres son más inteligentes, y trabajar en algo en que te juegas el pellejo no vale tanto la pena… O porque todavía no se contemplaba como una posibilidad, es decir, por la falta de referentes.

NOELIA ORTIZ: Creo que, en gran medida, es por una visión social históricamente establecida del guía como una figura masculina. A ello se suma la dificultad real de compatibilizar la vida profesional con la vida familiar, una carga que, especialmente en mujeres de mi generación, ha recaído de forma desigual. Durante mucho tiempo, estos factores han limitado el acceso y la permanencia de muchas mujeres en la profesión. No por falta de capacidad, vocación o compromiso, sino por un contexto social que no facilitaba la conciliación ni reconocía otros modelos posibles. Afortunadamente, esta realidad está cambiando. Creo que estamos viviendo una evolución conjunta, un proceso progresivo y compartido, en el que la mujer es cada vez más independiente, más autónoma y con mayor capacidad de elección. No porque antes no lo fuera, sino porque hoy existen más espacios y oportunidades para ejercer esa libertad. Las mujeres siempre han estado ahí. Han estado en la historia en general y, por supuesto, en la historia de la montaña. Lo que está ocurriendo ahora es que su presencia empieza a ser más visible, reconocida y valorada, abriendo caminos que permiten que otras puedan transitar esta profesión con mayor legitimidad y apoyo.

ESTEFANÍA GARCÍA: Pienso que pasa un poco lo mismo que en mi trabajo (bombera), creo que faltan referentes, que hay gente que ni se lo plantea como una posibilidad. También creo que está la cosa bastante complicada para acceder a la formación, pocas escuelas, pruebas de acceso complejas, etc.

Ayudaría quizá el visibilizar más a las pocas mujeres que se dedican profesionalmente a este trabajo, que se siga hablando de los hitos de otras que igual no se dedican a esto del guiaje, pero que son jabatas de la montaña, ¡hay tantas máquinas por ahí! Espero que a raíz de este artículo se animen más a valorar el guiaje de montaña como profesión, y que poco a poco sigamos ocupando estos espacios tan mayoritariamente masculinos.

---

la FEDME (promoción 2022-23), en el que era la más joven del grupo: «Sin estos equipos no habría podido hacer ni la mitad de viajes y expediciones que he hecho, además de encontrar buenos compañeros y compañeras de cordadas con las que compartir proyectos». Asegura que ver a sus compañeras, o el estilo de vida de su directora Miriam Marco y las actividades que hacía, le dio motivación para seguir sus pasos. Durante esos años participó en el proyecto *Abriendo camino* en Jordania y Groenlandia, y por su cuenta ha hecho otras expediciones a paredes de Patagonia o de Nepal, entre otras. Está por tanto a favor de iniciativas como esta y comparte la necesidad de seguir fomentando los referentes femeninos en la montaña, pero no se identifica tanto con otras como los "encuentros de mujeres montañeras" o las actividades orientadas exclusivamente a un género: «Ese tipo de concentraciones no creo que aporten mucho. Prefiero las actividades mixtas, que no importe si lo que van son hombres o mujeres, que sea la normalidad. Además, esos encuentros de mujeres suelen estar enfocados a cursillos de iniciación; creo que sería mejor simplemente encuentros para todo el mundo, con actividades más o menos técnicas, sin discriminar por géneros».

GUÍAS DE MEDIA MONTAÑA, ESCALADA, BARRANCOS...
UNA PROFESIÓN EN AUGE

SU REPRESENTACIÓN EN EL COLECTIVO DE GUÍAS NO ES TAN MINORITARIO COMO EN EL TERRENO DE LA ALTA MONTAÑA; LAS MUJERES GUÍAS EN OTRAS DISCIPLINAS DE LOS DEPORTES DE MONTAÑA SIGUEN SIENDO POCAS, PERO ESTÁN EN CLARO CRECIMIENTO, RESPONDIENDO A LA DEMANDA ACTUAL. HEMOS HABLADO CON ALGUNAS DE ELLAS QUE NOS TRANSMITEN SUS INQUIETUDES Y ASPIRACIONES.

Los inicios en la montaña de las distintas mujeres guías a las que hemos preguntado son diferentes, pero en general tienen en común esa llamada de la naturaleza y la conexión con el aire libre. En el caso de la madrileña **Lucía Álvarez**, aunque salía a la montaña desde niña con sus padres, la vocación le llegó cuando le ofrecieron un contrato indefinido en la multinacional en la que trabajaba: «El pensar que probablemente trabajaría en esa oficina hasta mi jubilación, privada del contacto con la naturaleza, el movimiento, el deporte, el crecimiento personal… fue lo que me impulsó a salir corriendo y a meterme en este mundillo incierto, precario, arriesgado, pero sobre todo vibrante y que me hace sentirme viva». Por entonces tenía 30 años y, tras formarse como Técnico Deportivo (TD) de media montaña y barrancos, se dedicó en exclusiva a ser guía durante cuatro años. Sin embargo, la precariedad del trabajo autónomo y la inestabilidad del sector le llevaron a buscar mayor estabilidad, por lo que actualmente lo combina con un trabajo asalariado. Además de la montaña le atrae el ámbito social y, entre los logros de los que se siente más orgullosa, está «haber trabajado con personas con discapacidad y diversidad funcional en retos como completar el Tour del Mont Blanc».

La también madrileña **Marta Hurtado**, TD media montaña y guía acompañante con acreditación UIMLA es de las pocas que trabaja con un contrato fijo y puede vivir de esto todo el año, ya sea acompañando o impartiendo clases de formación de asignaturas como conducción, progresión y sobre todo orientación, materia en la que se ha especializado, e incluso ha

LAS ACTIVIDADES DE MEDIA MONTAÑA Y BARRANCOS SON LAS MÁS DEMANDADAS. ARRIBA, PAOLA CABISTANY EN GUARA.

LOGRAR LA CONFIANZA Y CONEXIÓN CON LOS CLIENTES ES UN ASPECTO FUNDAMENTAL DEL TRABAJO, EN EL QUE LAS GUÍAS MUJERES SUELEN OBTENER LA EXCELENCIA. ARRIBA PAOLA EN UN DESCENSO DE BARRANCOS; *SELFIE* DE MERCEDES CON SU GRUPO DE SENDERISTAS CON RAQUETAS POR GREDOS; DEBAJO, MARTA EN UNA ACTIVIDAD DE ORIENTACIÓN; Y LUCÍA EN SU LUGAR FELIZ, LA MONTAÑA.

escrito el libro *Ejercicios de Orientación en Montaña*, Ed. Desnivel. Marta tiene 48 años y asegura que no ha sido madre por decisión personal, pero también admite que este trabajo «no ayuda en cuanto a la conciliación laboral y familiar. Y no sólo por una cuestión de ser mujer; es cierto que la baja de maternidad y posterior recuperación física limita mucho más a una madre que a un padre, pero también por un parón laboral en un mundo en el que hay que estar bastante disponible, por la precariedad de contrataciones, intrusis-

mo, competitividad existente, y la poca valoración y visibilidad de nuestro sector, aunque se está trabajando en ello, ganando batallas poco a poco».

El caso de la salmantina **Mercedes Sánchez** es bastante particular. Ella ya estaba ejerciendo de guía incluso antes de saber que existía esta titulación. Nacida y criada en Valdeangil, en la sierra de Béjar, primero se formó como geóloga y trabajó como tal en distintos espacios naturales, y de allí pasó a ser monitora de la Casa del Parque de Gredos. Fue una de

las fundadoras de una cooperativa para la gestión de Casas del Parque de la provincia de Ávila, con una mayoría de mujeres del mundo rural, por la que recibieron varios premios. Su siguiente evolución fue montar su propia empresa (*El eje de la Tierra*) y fue entonces cuando descubrió que existe la profesión de guía de montaña. Se tituló como TD de media montaña y, además de ejercer como guía principalmente en las sierras de Gredos y de Béjar-Candelario, también es instructora para la formación de guías.

Por su parte **Paola Cabistany** está afincada en Huesca, cerca de las montañas a las que se siente que pertenece desde niña, y que son el escenario principal de su trabajo como guía de escalada, media montaña y barrancos. En su adolescencia practicó e incluso compitió en varios deportes; a los 23 años empezó a hacer montaña y más tarde entró en el Equipo Femenino de Alpinismo, que fue un incentivo para profesionalizarse. Actualmente, como madre de un pequeño de casi dos años, la conciliación laboral y familiar es donde más dificultades encuentra.

CASOS PERSONALES DE TRATO DESIGUAL

Todas estas mujeres han sentido de una u otra forma la discriminación en el desempeño de su trabajo, aunque muchas veces de una forma sutil, como explica Lucía Álvarez: «Más que discriminación directa, he vivido situaciones de incredulidad ante la idea de que una persona con mi perfil pudiera estar al frente de una actividad. Esa dificultad para asociarme con un rol de liderazgo se manifiesta en pequeños gestos: dirigirse a un hombre para preguntar por el guía o el profesor, sorprenderse por mi forma física o por "dar la talla" en aspectos que forman parte normal del trabajo. Son actitudes sin mala intención, pero que hacen que muchas veces se empiece un escalón por debajo y que haya que demostrar la valía incluso antes de empezar».

También Marta suma alguna experiencia personal en este sentido: «Al principio alguna empresa te decía que no querían guías mujeres, pues sus grupos eran mayoritariamente de clientas y valoraban el liderazgo de un hombre delante. He visto estipular de antemano los trabajos con niños a mujeres guías y las rutas de adultos a hombres, cosas así. Y he luchado varios años en la FMM junto con otra compañera para llevar un uniforme de trabajo de mujer, que siempre nos apañaban con ropa de hombre», entre otros ejemplos.

Paola afirma que no ha sentido un trato desigual con respecto a sus compañeros y que sus problemas son similares a los de los guías masculinos, aunque reconoce que siguen existiendo los "micromachismos" que están interiorizados en la sociedad, de los que a muchos todavía les cuesta desprenderse. A ella misma le costó cambiar su percepción de sí misma: «Lo mas difícil para mí fue aprender que no tenía que demostrar constantemente mi valor».

MOSTRAR, PERO NO FORZAR NI EXCLUIR

Ante la cuestión de si es beneficioso o no buscar fórmulas para aumentar la presencia femenina en la montaña, Marta Hurtado argumenta su perspectiva: «Personalmente no considero necesario intentar subir el número de mujeres guías o deportistas en montaña. ¿Por qué hay que obligar a mujeres a que sean guías si ellas no quieren elegir ese camino? Mucho menos, como he visto en ciertos estamentos que se hace "el día de la mujer en montaña"; a mí particularmente me parece más aislarnos que dar visibilidad, utilizar unos presupuestos para cumplir el expediente haciendo estas cosas. Nunca participo en estos eventos. Para mí una mejor forma de llevarlo a cabo es haciendo partícipes de ello a los compañeros, que se vea natural tratar este tema entre todos. Dar la oportunidad de decir, trasmitir y ver lo que sentimos o vivimos con nuestros compañeros. Puede que ellos tengan dudas de cómo hacer un trato más igualitario porque no saben realmente cómo lo sentimos o lo vivimos. Creo que esa sí es una buena forma de comenzar. También realizar ponencias en las semanas de montaña donde las ponentes sean mujeres, no sólo hombres, pero tampoco forzarlo a una discriminación positiva.

A veces se intenta dar un valor extra a la situación haciendo preguntas como: "¿Qué es lo que aportamos nosotras como guías mujeres?". Entiendo la parte positiva que conlleva la pregunta, pero yo a veces me pregunto: "¿Es que tengo que aportar más o menos, sumar valía, empatía, o ternura por ser mujer?" Aporto lo mismo que un compañero guía, ni más ni menos. El resto va en nuestra personalidad, tanto hombre como mujer. No creo que haya que forzar el subir el número de mujeres guías. Creo que hay que ayudar a visibilidad nuestro sector, valorar nuestra profesión y visualizar lo que aportamos. Y sí, hay que mostrar que existen mujeres guías también, pero sin agrandar ni disminuir su valor».

NECESIDAD DE MÁS REFERENTES

Otra postura diferente es la que defiende de Mercedes, quien está en la junta directiva de la AEGM como vicepresidenta y reconoce el legado de la lucha feminista: «En un mundo de hombres, si no se hubiera hecho tanto hincapié en la paridad, quizá nadie hubiese pensado en una mujer de profesora». Pero también es consciente de que aún queda recorrido: «Creo que es un colectivo con tan pocas mujeres porque en la educación formal e informal, las actividades extraescolares y el papel de la mujer en general está más enfocado a cuidar de niños, enfermos y a la imagen personal. No hay muchos referentes de mujeres en las actividades de montaña, y los pocos referentes que ha habido, "los escritores de la historia" no nos han tratado muy bien, o porque no lo contaban o porque lo contaban desde un punto de vista masculino, quitándole la importancia que merecía»..

Por fortuna, la sociedad avanza hacia la igualdad y, como resume Marta, «cada vez hay más mujeres guías, más formándose, y en modalidades más comprometidas. El relevo generacional, la educación, el cambio de modelo de convivencia, de vida, de familia, incluso la mejora laboral del sector ayudará a que cada vez seamos más». Su mensaje final contagia motivación: «Después de todo lo vivido en esta profesión, a mí me compensa. Me siento afortunada de lo aprendido, de lo vivido, de la gente con la que he compartido camino, pese a los momentos duros, siempre compensa lo positivo, al menos de momento, de hecho, sigo aquí».

Eva MARTOS

EN BUSCA DE LA AVENTURA EN LAS GRANDES PAREDES

EL ESPÍRITU DE EXPLORACIÓN Y DESCUBRIMIENTO FORMA PARTE INTRÍNSECA DE LA ESCALADA, AUNQUE CADA VEZ ES MÁS DIFÍCIL ENCONTRAR ROCA VIRGEN POR EL MUNDO. HEMOS SELECCIONADO AQUÍ CINCO DESTINOS —TANTO LEJANOS COMO MÁS CERCA— ESPECIALMENTE RECOMENDABLES PARA CAZADORES DE LÍNEAS VERTICALES.

FOTOS: GUILLE CUADRADO

EN SUS CINCO VISITAS A PROKLETIJE, GUILLE CUADRADO HA ABIERTO VÍAS COMO *GARABANDAL* (260 M, 7B) EN EL MAJA ZASTANIT (EN SU CUMBRE EN ESTA FOTO); *PULSE* (560 M, 7A) EN LA PARED DE LA UNFOLDED WALL; *EXUBERANCE* (570 M, 6C+) EN LA AGUJA DEL FORCA; O *EL VUELO DE LA CIGÜEÑA* (400 M, 7A+/C2) EN EL LJULJASEVICA KARANFILI, ENTRE OTRAS, CON DISTINTOS COMPAÑEROS (COMO CON SANTI LLOP, EN LA FOTO DE ABAJO, EN EL VALLE DEL ROPOJANA).

LAS MONTAÑAS MALDITAS DE MONTENEGRO

En ocasiones, el boca a boca conduce a territorios que jamás habríamos imaginado explorar. Así empezó mi relación con el Parque Nacional del Prokletije. Un día, el conocido de un conocido de una compañera —que había visitado Albania a finales de los noventa— comentó que en la frontera entre Albania y Montenegro se alzaban numerosas agujas con paredes inexploradas. A partir de aquel dato, dediqué varios años a investigar la poca información disponible. No fue hasta junio de 2022 cuando pude viajar hasta allí con mi compañera, Jessica Oliveira. Comenzamos la apertura de dos rutas en estilo tradicional, en las que las que comprobamos que el nombre Montañas Malditas (traducción aproximada de Prokletije) no alude únicamente a su relieve abrupto, sino también a la inestabilidad meteorológica que azota la zona con frecuencia.

En los años siguientes regresé cuatro veces, acompañado por Marcel Ferrer, Benjamí Leyes, Santi Llop, Jonathan Pascual y Roberto Sisamón. Con mayor acierto en la elección de las ventanas de buen tiempo, pudimos finalizar las rutas iniciadas en el primer viaje y abrir nuevas líneas, siempre bajo el mismo compromiso ético de apertura, y en ocasiones sobre agujas vírgenes. Algunos días, huyendo del mal tiempo, nos desplazamos al Parque Nacional del Durmitor, donde realizamos también varias primeras ascensiones.

En términos generales, las paredes del Prokletije presentan extensas placas donde es necesario encontrar el trazado más lógico para el autoaseguramiento. Esta característica da lugar a itinerarios complejos y sinuosos, con largos expuestos que exigen compromiso y lectura constante del terreno.

El relieve kárstico convierte la logística en un desafío añadido: los lagos aparecen y desaparecen sin un patrón aparente, y durante los meses estivales —cuando los neveros ya se han secado— resulta complicado localizar fuentes de agua. A ello se suma la desaparición, en las últimas décadas, de los grandes glaciares que antaño modelaron estos valles de desniveles colosales. No obstante, la huella que dejaron configura hoy un terreno de juego excepcional para el escalador que busca aventura en escenarios aún marcados por una sensación de aislamiento y misterio.

En total, el parque alberga más de 20 cimas que superan los 2500 metros. La más elevada es el Maja Jezerce con 2694 m. El acceso puede realizarse desde Albania, a través del valle de Valbona y la localidad de Theth, o desde Montenegro, por los distintos valles que parten de la población de Plav.

Guille CUADRADO

https://desni.in/dah7c

FOTOS: MANU PONCE

CUANZA SUR: GRANITO ANGOLEÑO

ABRIENDO *TERRA DA GINGUBA* (480 M, 7B/A0) PRIMERA VÍA A LA AGUJA DE KAIKIAWILA; ARRIBA, COMPARTIENDO ESCALADAS CON LA ACOGEDORA COMUNIDAD LOCAL, ESPECIALMENTE CON NIÑOS Y NIÑAS.

Las paredes de roca de Angola saltaron al radar internacional en 2024. En este año coincidió que, junto a la ONG *Climbing for a Reason* (dedicada a desarrollar y mostrar la escalada en comunidades vulnerables) una expedición española aconsejada por Nathan de @climbangola, viajó a los grandes dólmenes de granito de la región de Cuanza Sur. En estos meses se desarrolló, siempre con la ayuda de la comunidad local, escaladas tanto de búlder como de deportiva y de aventura. Entre ellas, destacan las primeras ascensiones al Leka o las aperturas de *Bon Dia Boa Noite* y *Los Peluchitos* al imponente Hande. Este mismo año se realizó también el primer festival de escalada en Serra da Leva, donde se abrieron números vías de deportiva. Este lugar de paredes de arenisca será en unos años un referente para la escalada africana. Tras esta explosión de aperturas se han ido sucediendo pequeñas expediciones que han ido dejando nuevas vías en las diferentes zonas ya exploradas (como la

Expedición FEDME femenina, los integrantes de los Ragni di Lecco italianos o hasta el escalador belga Nicolas Favresse). En 2025 el ritmo de expediciones no ha bajado, destacamos la primera ascensión al Kaikiawila, torre de más de 500 metros, o varias vías al ya clásico Cunduville (~300 m) en los dólmenes graníticos de Cuanza sur. Sin duda, Angola es sinónimo de aventura. La escalada es una pieza más que tiene que encajar perfectamente con otras muchas, como son la perfecta sintonía con los miembros de la comunidad local, apertura de caminos en selva virgen, o lidiar con las altas humedades y temperaturas. Una experiencia en el África profunda que no deja indiferente.

Manu PONCE

INFO

https://desni.in/urq96

FOTOS: ROBERT JASPER

COLUMNAS DE BASALTO EN CHILE CHICO

ROBERT JASPER ESCALANDO EN LAS PERFECTAS FISURAS DE CERRO COLORADO, QUE EVOCAN A LAS DEVIL'S TOWER ESTADOUNIDENSES, EN UN ENTORNO SALVAJE Y DE ATARDECERES MÁGICOS.

En la Proa del Cerro Colorado el alemán Robert Jasper y el español Marc Bordas-García abrieron en la primavera de 2025 *La llamada del cóndor* (200 m, 7b/+), que resolvieron íntegramente en libre y en autoprotección. Es uno de los últimos añadidos de esta llamativa pared de columnas de basalto ubicado al suroeste de Chile Chico, en la región de Aysén, Chile, en la esquina noreste de la Reserva Nacional Lago Jeinimeni. Su descubridor, que ha jugado también un importante papel en su desarrollo, es el chileno Andres Bozzolo. Actualmente cuenta con al menos una docena de vías de varios largos, pero las posibilidades tanto de sus paredes como de los cerros de alrededor, todavía son grandes. Especialmente recomendable para los amantes de la escalada en fisuras; casi todas sus líneas han sido abiertas con la ética tradicional de la autoprotección. Antes de visitar la zona es indispensable pa-

sar por las oficinas de la Reserva en Chile Chico y registrarse (gratuito pero obligatorio). Se puede escalar desde noviembre hasta marzo, aunque no deja de ser un lugar patagónico, con sus condicionantes vientos y temperaturas cambiantes. «¡El paisaje y la naturaleza son absolutamente impresionantes! El potencial para la escalada es grande; por supuesto has de respetar la ética local y el entorno, y tener en cuenta que en caso de accidente no hay equipo profesional de recate ni conexión móvil», nos dice Robert Jasper.

https://desni.in/kqdvt
Escalada: www.pataclimb.com
(por Rolo Garibotti)
Logística: www.rocapampa.com
(por Alfredo Donoso)

INFO

VÍCTOR SÁNCHEZ

TAMBIÉN CERCA DE CASA

RINCONES COMO ESTOS NOS DEMUESTRAN QUE NO ES NECESARIO VIAJAR MUY LEJOS PARA VIVIR GRANDES EXPERIENCIAS EN LA INTIMIDAD, DISFRUTANDO DE LA FACETA MÁS LIMPIA Y VIBRANTE DE LA ESCALADA.

DESFILADEROS DEL CARES Y DEL DUJE

Estos desfiladeros, a los pies de Picos de Europa, en Asturias, ofrecen una escalada de aventura cercana pero a su vez salvaje, donde muchas de las aproximaciones son tan complejas y expuestas como la propia escalada. Un lugar exigente donde se ha tratado de dejar el compromiso acorde con el grado, intentando ser justos con los futuros repetidores. Es así que en general las rutas más difíciles son las que mayor compromiso ofrecen, sobre muros de muy difícil autoprotección y con largos distanciados obligados, mientras que las mas asequibles y por debajo del 7a+, se han "humanizado" considerablemente, sin dejar nun-

ca a un lado la esencia de la escalada obligada y el valor de salir por arriba frente al de encadenar. La razón de esto es defender que el auténtico reto a la hora de abrir vías comprometidas es hacerlo cuando el aperturista se enfrenta a su umbral de dificultad, y no a dificultades que le resultan sencillas o amables, donde es "mas fácil" exponerse. La calidad de la roca y belleza del paisaje hace que con casi 200 vías abiertas ya —de las que al menos 50 de ellas aguardan todavía su primera repetición—, sea un lugar de referencia del país para la escalada de aventura.

Víctor SÁNCHEZ

https://desni.in/r4m8y

ESCALANDO *WABI-SABI* (200 M 7A/+) EN LA PARED DE ANGOBEYOS, QUE SE YERGUE SOBRE EL CARES, Y A LA DERECHA, EN *ARTEFITO* (320 M, 8A/+), EN CANAL DE LA BOBIA, OTRA JOYA DEL DESFILADERO. DEBAJO, GUILLE EN *BORÉAS* (130 M, 8A), LA PUNXA, MONTSERRAT.

COL. GUILLE CUADRADO

TRES HITOS DEL *TRAD* EN MONTSERRAT

Durante 2012 estuve varios meses guardando el refugio de Sant Benet, actualmente cerrado. Un día de junio, la ola de calor y la humedad presagiaban que nadie subiría a escalar. Cerré el refugio al mediodía y decidí dirigirme a una de las zonas más desconocidas del macizo: Els Flautats, un conjunto de agujas que evocan visualmente una flauta dulce, surcadas por profundas hendiduras longitudinales. Situadas a espaldas de la región de Sant Benet, forman parte de la cara norte del macizo que se extiende desde Can Maçana hasta el Pla de Trinitats.

Desde Trinitats avancé hacia el Coll del Pirulí , enlazando en solo –y con un entusiasmo difícil de describir– las vías normales de La Cara de la Vella, La Punxa, El Pirulí, La Nansa, La Mitra, La K-Cota y El Didal hasta la Roca del Moro Joan, para regresar al refugio bajo la silueta de La Mòmia y La Xirimoia.

Llegué ya de noche. A la luz de una vela, dibujé en la guía las líneas que había imaginado en paños de roca todavía vírgenes. Siempre he sido un amante de la escalada tradicional y deseaba abrir aquellas líneas desde abajo, en libre y empleando únicamente medios de autoprotección. Años más tarde, en casi todos esos muros aparecieron vías de corte tradicional que confirmaron que la morfología de la roca permite protegerse y que esta modalidad tiene pleno sentido en esta montaña. Entre otras, destacaría: *Chrysomella* (145 m, 7b+ ABO [7a obl]), *Bóreas* (130 m, 8a ABO+ [7b obl]) y *Vas Deferens* (45 m, 7c+ ABO+ [7b obl]). El grado obligado es orientativo: solo resulta fiable si se acierta con el recorrido y se localizan correctamente los emplazamientos para las piezas de autoprotección.

Retomando la crónica, pronto contacté con Gerber Cucurell; era la persona idónea para intentar aquellas paredes. Cuando nos situamos bajo el impresionante muro de la cara norte de La Punxa, nos miramos y comprendimos la magnitud del reto: un desplome severo que, en autoprotección, exigía un nivel ex-

GUILLE EN *CHRYSOMELLA* (NORTE DE LA PUNXA) Y, A LA DERECHA, EN *VAS DEFERENS* (SECTOR DE LA CALAVERA) Y UNA REUNIÓN DE LA *BÓREAS*.

cepcional. El proyecto tenía un aire futurista, pero pensé que quizá había llegado el momento de dar un paso más en la evolución de la dificultad en Montserrat. No éramos más que atletas recogiendo un testigo, dispuestos a aportar nuestro esfuerzo a la historia de la montaña.

Impresionados, optamos por evitar el escudo central entrando por la *Adrenaline*, e intentamos desde su primera reunión flanquear hacia la izquierda en busca del punto más débil. Apenas avanzamos unos metros. La escalada resultaba radical y extenuante: colocaciones dudosas, alejes, trepes y destrepes constantes hasta que el tiempo nos obligó a retirarnos. Eso sí, pudimos sacar los movimientos de A1 del primer largo.

Como ocurre con los proyectos exigentes, lo fuimos posponiendo. Casi un año después, tras escalar en el Pallars, tuve una revelación: aquel muro era demasiado bueno para quedar en el olvido; tarde o temprano alguien podría atacarlo con el taladro. Convencí entonces a Jordi Esteve, también local y amante del estilo, para retomarlo. Quizá no lo lograríamos; quizá correspondería a otra generación culminarlo si algún día convergían romanticismo y máxima dificultad.

En junio de 2013 regresamos. En un par de horas alcanzamos el punto donde habíamos abandonado el año anterior. Con determinación, me adentré en el desplome. La fatiga se impuso, pero ya no había marcha atrás. Encontré un agujero perfecto para un friend del #3; aquella pieza marcaría la viabilidad de la apertura. Sin ella, el proyecto habría parecido imposible. Jordi tomó el relevo hasta una *bauma*; después continué yo. De manera natural adoptamos una regla simple: cada vez que uno avanzaba y emplazaba una pieza sólida, descendía para que el otro continuara. Así el estrés se diluía y podíamos recuperarnos.

Durante aquel verano, junto con David Fernández, La Punxa se convirtió en un punto de encuentro para los fanáticos del trad. Finalmente completamos la vía en cinco largos sinuosos y complejos, abiertos íntegramente desde abajo y en libre. La bautizamos *Chrysomella*, por los escarabajos que habitan en la pared y que no pudimos evitar matar al colocar las piezas.

El 12 de julio de 2013, asegurado por David, logré el rotpunkt de la vía, cerrando así el círculo del proceso: encadenar todos los movimientos colocando las protecciones necesarias. Solo así adquiere pleno sentido el encadenamiento en este estilo; de otro modo, se diluiría su esencia.

Tras aquella apertura, el fantasma de la integral del escudo norte de La Punxa —que inicialmente nos había frenado— siguió persiguiéndome. En otoño de 2016, un año después de sufrir un grave accidente en las islas Lofoten, regresé a pie de vía. Durante varias jornadas, asegurado por Victoria Romero y Xavier Vinyau, exploré un antiguo proyecto de buriles sin continuidad que parecía dirigirse a una fisura a la izquierda. Desde aquí el flanqueo hacia el muro desplomado se veía evidente. Esta vez llevaba incluso una herramienta para extraer las chrysomellas sin dañarlas. Después de numerosas caídas, localicé un emplazamiento clave: un agujero para un friend del #0.75 redundado con un tricam. Más arriba, la protección escaseaba hasta una sección de agujeros planos junto a una fisura casi ciega. El riesgo de una caída al suelo me obligó a colocar un clavo dudoso. El proyecto quedó en suspenso.

En el verano de 2017 retomé la directa del escudo. Durante cuatro jornadas, asegurado también por otros compañeros, fui resolviendo el largo, ecualicé el clavo con un gancho y pude salir a buscar la sección más desplomada donde hallé un pe-

queño agujero para un C3 y un tricam que permitió continuar. El resultado fue un largo cercano al octavo grado, de unos cincuenta metros de escalada atlética y sostenida. El segundo largo resultó ser más fácil pero no menos comprometido. La bautizamos *Bóreas*, en alusión a su carácter de auténtica "norte" y al vínculo con el Ártico. El 17 de septiembre de 2017, acompañado por Fernando Sánchez, conseguí encadenarla.

En 2019 llegó *Vas Deferens*, en el sector deportivo de la Calavera. Dos fisuras paralelas que desembocan en un gran techo habían pasado sorprendentemente desapercibidas. Junto a Jordi Cuyàs y Rafa Comino abrimos la línea en dos largos, sorteando bloques inestables y el techo protegido con microempotradores. El 29 de septiembre de 2019 logré el rotpunkt.

La grandeza de estas rutas reside en su apertura desde abajo y en libre, exigiendo el máximo nivel posible y siguiendo el itinerario más evidente. Son vías que, prácticamente, solo pueden escalarse en libre. A menudo se pretende encasillar el *trad* como una modalidad más, cuando en realidad lo trasciende: abraza todas las formas de escalada. / **Guille CUADRADO**

https://guiasairelibre.com

Chrysomella   Bóreas   Vas Deferens

BUILT FOR THE VERTICAL JOURNEY.

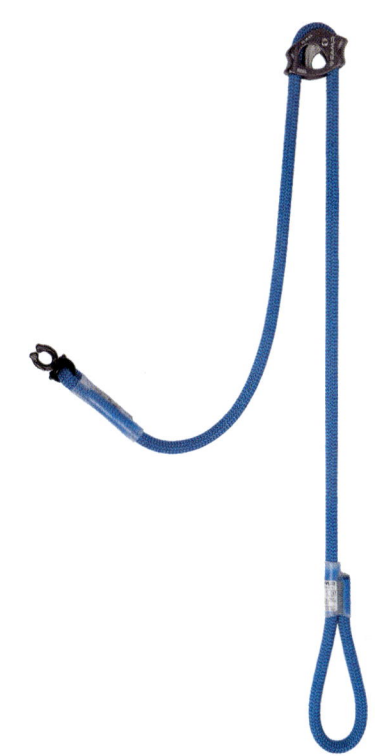

REEL

Elemento de amarre simple ajustable para autoasegurarse en las reuniones. Diseñado para alpinismo y escalada, permite un ajuste suave, preciso y rápido de la distancia al anclaje. El Reel permite una liberación controlada incluso bajo carga, con dos movimientos para evitar un desenganche accidental. La cuerda dinámica Shadow 9.4 mm Dry reduce el esfuerzo del usuario en caso de caída. Reel Snap para una cómoda manipulación del exceso de cuerda y Reel Karstop antirrotación para mantener el mosquetón en la posición correcta. El equipo es compatible con la mayoría de los mosquetones de rosca o con cierre automático.

www.camp.it

EVOLUTIONARY

ESCALADA
JUVENIL
ENTRENAMIENTO Y COMPETICIÓN

CLAVES DE UN FENÓMENO EN EXPANSIÓN

LA COMPETICIÓN EN EDADES INFANTILES Y JUVENILES HA CRECIDO DE FORMA EXPONENCIAL EN LOS ÚLTIMOS AÑOS. FACTORES COMO LA ENTRADA DE LA ESCALADA EN EL PROGRAMA OLÍMPICO, LOS AVANCES DE LA CIENCIA DEL ENTRENAMIENTO O LA EXPANSIÓN DE LOS ROCÓDROMOS HAN IMPULSADO ESTA TENDENCIA. EL ENTRENADOR DE JÓVENES ESCALADORES JORDI JUANOLA ANALIZA ESTA REALIDAD Y APORTA UNAS PAUTAS FUNDAMENTALES PARA SU PREPARACIÓN.

Si hacemos un breve repaso a la evolución de la escalada *indoor* en los últimos años, resulta evidente que, en un periodo relativamente corto de tiempo, la situación ha cambiado de forma notable. Aunque este proceso se ha dado de manera desigual entre las distintas comunidades autónomas, el acceso a rocódromos comerciales y, con ello, a la práctica de la escalada, ha crecido de forma significativa. Este aumento de la accesibilidad ha contribuido a la democra-tización de la escalada y a una ampliación clara de su alcance social.

Los rocódromos han dejado de ser pequeñas salas, garajes o paneles instalados en pabellones con un uso principalmente orientado al entrenamiento para la roca. En su lugar han pasado a convertirse, en muchos casos, en centros de ocio o entrenamiento donde la escalada de interior se practica como un fin en sí mismo, sin que exista necesariamente una relación directa con la escalada en roca.

EL CLUB DE ESCALADA CCT21 PARA EL QUE TRABAJA JORDI (AUTOR DEL ARTÍCULO, ARRIBA, CON SUDADERA GRIS), FUNDADO EN 2020, CUENTA ACTUALMENTE CON UN EQUIPO DE COMPETICIÓN JUVENIL DE 60 ESCALADORES/AS, DESDE LOS 5 A LOS 18 AÑOS. ES UNA MUESTRA MÁS DEL AUGE DE ESTA DISCIPLINA EN NUESTRO PAÍS.

Este cambio ha tenido un impacto en niños y niñas, que en muchas zonas de España pueden elegir hoy la escalada como un deporte más dentro de sus actividades extraescolares o de su tiempo libre. Paralelamente, las competiciones —en sus diferentes modalidades— han ganado presencia y han logrado llegar a una parte muy amplia del público escalador. La competición se ha consolidado así como una modalidad con entidad propia, en la que los méritos y logros alcanzan una relevancia comparable a los obtenidos en roca.

LA COMPETICIÓN COMO MOTOR DE DESARROLLO

Como consecuencia de todo lo expuesto, han surgido escaladores de altísimo nivel cuya trayectoria está vinculada casi exclusivamente al ámbito competitivo y para quienes la relación con la roca es limitada o incluso marginal. Este fenómeno se ha visto reforzado por la incorporación de la escalada al programa olímpico, un hecho que ha otorgado mayor visibilidad y legitimidad a la escalada de competición y que, en muchos países, ha impulsado procesos de profesionalización dentro de este ámbito.

Desde mi experiencia como entrenador de escaladores de competición, observo cómo, para muchos jóvenes, elegir este camino resulta un recorrido lógico y natural. La competición reglada es inherente a la mayoría de los deportes y la escalada no es una excepción: forma parte de su historia desde hace aproximadamente cuatro décadas y hoy se presenta como una vía clara y reconocible de desarrollo deportivo.

Para un deportista joven, la competición, cuando va acompañada de un entorno adecuado, puede convertirse en un potente motor de desarrollo personal y madurativo, no solo en el plano físico, sino también a nivel psicológico, cognitivo y social. Aspectos como la responsabilidad sobre los entrenamientos, la implicación con el propio proceso de desarrollo, la gestión de la concentración y la atención durante entrenamientos y competiciones, así como los valores asociados a formar parte de un equipo, un club o una selección, pueden generar un marco muy positivo para el crecimiento durante la infancia y la adolescencia.

Sin embargo, este contexto también puede convertirse en un arma de doble filo. La competición puede derivar en

«EL VERDADERO RETO DE LA ESCALADA DE COMPETICIÓN JUVENIL ESTÁ EN LA POSIBILIDAD DE FORMAR DEPORTISTAS CON VALORES»

comparaciones constantes, inseguridades y dinámicas poco saludables que acaben produciendo el efecto contrario al deseado. Por ello, el acompañamiento adecuado y la presencia de un equipo de profesionales de distintos ámbitos resulta clave para inclinar la balanza hacia un desarrollo sano. En este sentido, en mi caso particular, poder trabajar como entrenador en un club como el CCT-21, donde el desarrollo personal y el acompañamiento del deportista son una prioridad, me permite constatar la importancia de este enfoque.

Existe además un paralelismo claro entre las demandas que afrontan los deportistas y las que recaen sobre los profesionales implicados en la escalada de competición. Entrenadores, psicólogos, nutricionistas, equipadores o fisioterapeutas nos enfrentamos de manera constante a retos

EL GRAN ESPECTÁCULO DEL CAMPEONATO DEL MUNDO DE ESCALADA 2025 EN CHAMONIX, QUE CONTÓ CON MÁS DE 10.000 ESPECTADORES, ALIMENTA LA MOTIVACIÓN DE LOS JÓVENES ESCALADORES, QUE VEN EN LA ESCALADA DE COMPETICIÓN UN POSIBLE FUTURO.

complejos, del mismo modo que lo hacen los deportistas. Para los escaladores, ya no se trata únicamente de poseer determinadas cualidades físicas —como puede ser la fuerza de dedos—, sino de ser capaces de resolver problemas motrices con sus herramientas individuales en contextos de estrés, fatiga y presión, y hacerlo —en el caso de la modalidad de dificultad—, de forma sostenida a lo largo de recorridos de 15 a 18 metros.

> «LA COMPETICIÓN SE HA CONSOLIDADO ASÍ COMO UNA MODALIDAD CON ENTIDAD PROPIA, EN LA QUE LOS MÉRITOS Y LOGROS ALCANZAN UNA RELEVANCIA COMPARABLE A LOS OBTENIDOS EN ROCA»

Para los profesionales, uno de los grandes desafíos consiste en ajustar el desarrollo físico a los ritmos madurativos individuales, teniendo en cuenta las oportunidades y riesgos que implica cada etapa.

CONSECUENCIAS DE LA PRECOCIDAD EN LA ESCALADA

La especialización temprana en escalada es otro de los fenómenos asociados a la progresiva profesionalización de este deporte. No se trata únicamente de una realidad del máximo nivel, donde existen ejemplos conocidos —como la estadounidense Ashima Shiraishi hace unos años (que hizo 8C de búlder y 9a/+ de vía antes de cumplir los 15 años) o el chileno Leo Cea en la actualidad, con 12 años y cinco 9a's encadenado— que alcanzaron la élite mundial antes de la adolescencia, sino de un proceso que también se reproduce en ámbitos regionales y nacionales.

En la actualidad, una parte importante de los escaladores que compiten lo hacen tras haber practicado la escalada como deporte prácticamente exclusivo desde edades muy tempranas, con niveles de implicación y exigencia elevados. Esta realidad obliga a los entrenadores a buscar modelos de desarrollo sostenibles, partiendo de una premisa fundamental: los niños no son adultos en miniatura. Esto implica, por un lado, una mayor sensibilidad durante el desarrollo de determinadas cualidades físicas y una elevada plasticidad para la adquisición de aprendizajes motrices. Y por otro lado, exige una adaptación cuidadosa de las cargas y los contenidos de entrenamiento para minimizar el riesgo de lesiones que son más probables —o incluso específicas— en estas etapas y la adaptación de lo que queremos que aprendan a sus capacidades en cada momento.

DESARROLLO DEL DEPORTISTA A LARGO PLAZO

Es imprescindible entender que el proceso madurativo, tanto a nivel físico como mental, es profundamente individual. Aunque existan patrones generales, cada deportista transita estas etapas de forma única, lo que obliga a huir de modelos rígidos y de comparaciones simplistas basadas únicamente en la edad cronológica.

En este contexto, diferentes entidades internacionales han creado y actualizado guías de desarrollo deportivo en la infancia, como los modelos de *Long Term Athlete Development* (LTAD). Estas propuestas ofrecen orientaciones generales para el planteamiento del entrenamiento en las distintas etapas madurativas y promueven una visión de la carrera deportiva como un proceso a largo plazo, en el que el rendimiento inmediato pasa a un segundo plano frente a un desarrollo progresivo, equilibrado y sostenible.

Otro de los retos clave para los profesionales consiste en ofrecer contextos de entrenamiento adecuados. Esto implica facilitar el acceso a instalaciones que permitan entrenar con la calidad que exige la competición, disponer de equipamiento específico y generar simulacros de competición o situaciones similares en las que los deportistas puedan exponerse a desafíos técnicos, tácticos, psicológicos y cognitivos. Para construir este contexto de forma eficaz resulta esencial el trabajo multidisciplinar y una adecuada gestión del entorno familiar que, desde mi punto de vista, debería centrarse en apoyar y acompañar el proceso, limitando al máximo la in-

GEILA MACIÀ ES LA DEPORTISTA CON MÁS PROYECCIÓN INTERNACIONAL; EL AÑO PASADO, CON 17 AÑOS, LOGRÓ ENTRAR EN LA FINAL EN UNA PRUEBA DE COPA DEL MUNDO DE BLOQUE, EN CATEGORÍA ABSOLUTA.

PETR CHODURA/IFSC

EN LOS ENTRENAMIENTOS SE FOMENTA LA PRÁCTICA EN DISTINTOS ROCÓDROMOS, PARA ENRIQUECER EL APRENDIZAJE.

tervención directa en ámbitos que corresponden a los profesionales, algo que no siempre resulta sencillo.

LA IMPLICACIÓN DE AGENTES PÚBLICOS Y PRIVADOS

A esta gestión del contexto se suma la implicación de agentes de carácter público y privado, de los que depende en gran medida el desarrollo nacional de la escalada de competición.

La aparición de clubes y equipos privados capaces de ofrecer a los jóvenes escaladores las oportunidades descritas —así como el acceso a equipos profesionales que acompañen el proceso— es, al mismo tiempo, un motor y una consecuencia del crecimiento de esta modalidad. Su papel resulta, por tanto, fundamental.

Sin embargo, las federaciones, tanto autonómicas como nacionales, desempeñan también una función básica e imprescindible dentro de este entramado. Desde el ámbito federativo es posible ampliar de forma significativa las oportunidades de desarrollo para los deportistas, y cuando este trabajo se estructura y ejecuta de manera coherente, su impacto sobre el rendimiento general es directo. Existen ejemplos cercanos, como el caso de Francia, donde una red sólida de instalaciones públicas y privadas ofre-

cen oportunidades de entrenamiento en grupo, selecciones bien estructuradas y un circuito competitivo nacional exigente y de alto nivel han generado un ecosistema claramente favorable. Aunque cada contexto es diferente y no existe una fórmula única ni universal, el papel de estos agentes resulta determinante.

Afortunadamente, el crecimiento y la visibilización de la escalada de competición, impulsados en gran medida por su inclusión en el programa olímpico, están ampliando las oportunidades para los jóvenes que desean seguir este camino. La mejora de las instalaciones, la aparición de clubes y equipos con profesionales cualificados y una mayor implicación federativa dibujan un escenario prometedor. Aunque todavía queda un amplio recorrido por delante y las realidades varían según el contexto, la tendencia general es positiva y parece difícil imaginar una marcha atrás en este proceso. Un desarrollo que, precisamente por su carácter imparable, exige más que nunca una reflexión profunda sobre cómo se acompaña a quienes inician este camino. Porque más allá de los resultados y del rendimiento inmediato, el verdadero reto de la escalada de competición juvenil está en la posibilidad de formar deportistas con valores y una visión sana de la competición con los efectos que esto puede tener para su vida personal.

Jordi JUANOLA

MODELO DE ENTRENAMIENTO PARA NIÑOS Y JÓVENES

Un ejemplo del *Long Term Athlete Development* (LTAD), es decir, del planteamiento del entrenamiento en las distintas etapas madurativas con una visión a largo plazo, aplicado a la escalada, es el modelo propuesto por la federación canadiense de escalada (CEC). Más allá de la estructura que propone, su utilidad radica en ofrecer un marco de reflexión que ayude a tomar decisiones, asumiendo siempre que cada deportista sigue un proceso único y que ningún modelo puede aplicarse de forma rígida.

Este modelo resulta interesante porque plantea una aproximación progresiva al rendimiento, situando la salud y el desarrollo personal como ejes principales del proceso. Del mismo modo, contempla la salida del alto rendimiento como una etapa más, imprescindible para garantizar una práctica deportiva saludable a lo largo de toda la vida. Conviene destacar que las etapas pueden presentar ligeras diferencias entre chicas y chicos, ya que los ritmos madurativos durante la prepubertad, la pubertad y la adolescencia no son iguales.

ETAPA	QUÉ SE PRIORIZA TRABAJAR	CLAVES Y OBSERVACIONES RELEVANTES
Active Start (Inicio Activo) 0-6 años.	Juego libre, exploración del movimiento, habilidades motrices básicas (agilidad, equilibrio, coordinación).	La escalada es un medio, no un fin. La persona debe exponerse a mucha variedad motriz, cero presión, y sentirse en un clima lúdico. Se recomienda combinar con otras actividades físicas.
FUNdamentals (FUNdamentales) Chicas: 6-8 años, Chicos: 6-9 años.	Fundamentos del movimiento, coordinación, movilidad y primeras habilidades básicas de escalada.	Aprender "cómo se mueve el cuerpo". Nada de especialización motriz. Se contempla la competición pero en formato lúdico y social. También integramos las primeras reglas de escalada y conceptos básicos como "A vista", "Flash", "Encadenar".
Learn to Train (Aprender a entrenar) Chicas 8-11 años, Chicos 9-12 años.	Gran desarrollo del aprendizaje motor, técnica básica y primeros hábitos de entrenamiento. A nivel físico, priorizamos la flexibilidad y estabilidad escapular y de cadera.	Es una ventana óptima para adquirir habilidades técnicas. También empezamos a introducir conceptos abstractos relacionados con la táctica, por ejemplo, la visualización. Se recomienda monitorizar el crecimiento para entender el estado madurativo. Empezamos a vigilar riesgos asociados al entrenamiento: sobreentrenamiento, conductas alimentarias potencialmente peligrosas, etc.
Train to Train (Entrenar para entrenar) Chicas: 11-14, Chicos: 12-15 años.	Consolidación técnica, introducción progresiva de la resistencia y la fuerza general, iniciamos el trabajo mental básico.	Es una etapa crítica por cambios madurativos. Se recomienda seguir monitorizando el crecimiento para adaptar las cargas al desarrollo biológico. Se propone introducir protocolos específicos de formato competitivo para identificar fortalezas y debilidades. Sigue predominando la práctica a la competición. También es una etapa crítica en relación con la lesión de las placas de crecimiento óseo de los dedos. Mucho cuidado con el entrenamiento analítico de agarre. No eliminarlo, pero adaptarlo.
Train to Compete (Entrenar para competir) Chicas: 13/14-18 años, Chicos: 14/15-18 años.	Desarrollo físico, mental, cognitivo y emocional. Progresión en el rendimiento competitivo en niveles cada vez más exigentes de competición reforzando al mismo tiempo la autoconfianza.	Empieza la especialización real. Importante equilibrar rendimiento y salud a largo plazo. El contexto y el acompañamiento son determinantes.
Learning to Win (Aprender a ganar) Chicas >16, Chicos >18 años.	Optimización del rendimiento competitivo, consistencia, autonomía y preparación psicológica avanzada.	Maximizar la preparación específica para la competición con el objetivo de alcanzar el máximo rendimiento en el momento preciso en competiciones de alto nivel. Introducir un equipo formal de apoyo al rendimiento, formado por profesionales cualificados que puedan acompañar la preparación física, emocional y mental. Continuar con un desarrollo integrado de los aspectos físicos, mentales, cognitivos y emocionales.
Winning for a Living (Ganar como profesión) Profesionalización, rango de edad muy ámplio.	Rendimiento profesional, estabilidad competitiva, carrera deportiva.	No todos los deportistas llegan aquí. Requiere estructura, recursos y una gran capacidad de diferentes agentes.
Active for Life (Activo de por vida) Toda la vida.	Continuidad en la práctica, disfrute, salud y transferencia a otros roles (entrenador, equipador, etc.).	La salida del alto rendimiento no es un fracaso y puede requerir un proceso psicológico completo. La escalada como práctica vital y sostenible.

Fuente: Adaptación del modelo *Long-Term Athlete Development* aplicado a la escalada por *Climbing Escalade Canada* (CEC).

FOTOS: GOI, MARC TORALLES I BRU BUSOM

¿HACIA DÓNDE VA EL ALPINISMO?

REFLEXIONES DE **MARC TORALLES** Y **BRU BUSOM**

HABLAMOS CON UNA DE LAS CORDADAS MÁS CONSOLIDADAS Y FUERTES DEL PANORAMA ACTUAL DE NUESTRO PAÍS: LA FORMADA POR LOS CATALANES MARC Y BRU, A QUIENES SEPARAN DIEZ AÑOS DE EDAD PERO LES UNE SU VISIÓN Y FORMA DE ENTENDER LA MONTAÑA. NOS COMPARTEN QUÉ ES PARA ELLOS EL ALPINISMO Y CÓMO VEN LOS RETOS DEL FUTURO.

Marc Toralles (43 años) y Bru Bruson (33) llevan años moviéndose al más alto nivel en las montañas, representando el espíritu clásico de cordada, algo que no es fácil, tal y como reconoce el mismo Marc: «Cuando pasas miedo, hambre... sale lo peor de cada uno, por eso es tan importante encontrar un buen compañero de cordada, que seas compatible y que además sea alguien en quien confías. Es una suerte poder encontrar a alguien así, y que además estés al mismo nivel técnico y de compromiso; eso cuesta mucho». Los dos son guías de alta montaña y, mientras que Bru empezó en la escalada de niño con su padre, Marc no descubrió esta pasión hasta los 26 años.

Ambos han protagonizado una de las actividades más destacadas del año pasado con su apertura —junto a Rubén Sanmartín— de una vía en el Yerupajà (6634 m), en la cordillera de Huayhuash, que hacía 20 años que no registraba ninguna ascensión. Un objetivo en el que encontraron los dos ingredientes que a Marc le resultan imprescindibles en el alpinismo: el compromiso y la aventura. «No saber qué pasará, si podré pasar por allí o no... Eso es lo que me atrae, afrontarlo y gestionar la frustración que te genera. Que sea un reto tanto deportivo como mental», explica. Bautizaron la vía *L'essència del compromís* (La esencia del compromiso), un nombre que surgió a raíz de las vivencias que tuvieron du-

rante la escalada y los días previos: «Más que con la dificultad, tuvimos que lidiar con el compromiso que suponía tanto subir por ahí como no saber por dónde íbamos a bajar». Cuando se plantean un reto semejante saben a lo que se van a enfrentar, pero la posibilidad de no volver no entra en la ecuación, como aclara Marc: «Me voy feliz, de vacaciones con amigos; no voy pensando que puede que no vuelva. Lo peor viene la noche de antes de entrar en la pared, asumir ese compromiso, le das vueltas... Y una vez que decidimos que vamos, pues vamos. Ya todo el foco lo ponemos en hacer las cosas bien».

«Del alpinismo he disfrutado de la sencillez de este mundo» – Bru

Bru también busca la aventura cuando escala, pero además las vivencias que tiene en la montaña son su combustible para la felicidad diaria: «Me gusta el alpinismo porque me comprometo con él, con todo lo que significa. Del alpinismo me gusta comprometerme a vivir con y para la incertidumbre; de él recibo enormes aprendizajes generados por la aventura y por compartir altas intensidades con mis amigos. Sin embargo, me exige mucho tiempo de mi vida que me genera hacer renuncias. Esta dualidad de querer estar en dos lados y escoger el de los conquistadores de lo inútil —el de pasar frío, hambre e incomodidades infinitas, pero el de sentir la vida viva— me genera la convicción de luchar por aprovechar el tiempo que se nos ha dado en esta vida. Al elegir este camino, he aprendido a escoger y a valorar lo que tengo y lo que quie-

RUBÉN SANMARTÍN FUE UNO MÁS DE LA CORDADA PARA LA APERTURA DE LA NUEVA LÍNEA (3000 M, 6C+, M6+, 95°) EN EL YERUPAJÁ.

FOTOS: COL. MARC TORALLES / BRU BUSOM

ro. Del alpinismo he disfrutado de la sencillez de este mundo, y con esto disfrutar de la felicidad: no hacen falta muchas cosas para sentirte lleno. No me gusta proyectar al futuro, y esto me lo enseña cuando el alpinismo me hacer sentir la pasión por vivir el presente. A menudo en casa trato de acordarme de esta sensación porque me hace estar feliz solo con respirar». Bru tiene dos hijos, de 7 y 9 años, y aunque cree que la paternidad no le ha cambiado su actitud con el monte, confiesa que «en los ultimos años me apetece estar más tiempo con ellos y me cuesta gestionar las ganas de partirme en dos».

«No hacemos nada que no se haya hecho ya» – Marc

En julio de 2023 Marc y Bru repitieron el *Espolón de los catalanes* en Saraghrar Noroeste II (7200 m), en la cordillera del Hindu Kush, en cinco días. Fue la primera repetición a la ruta abierta por Enric Lucas, Nil Bohigas y Joan López en 1982, que trazaron en estilo ligero en seis días. Comparando ambas ascensiones, no parece que hayamos avanzado tanto en los casi 40 años transcurridos entre ambas, una opinión con la que Marc se muestra de acuerdo: «Creo que el alpinismo se estancó hace muchos años. Solo muy de vez en cuando ves a alguien que ha hecho algo distinto. Para mí el alpinismo es compromiso, y la sociedad que vivimos hoy día no asumimos el mismo compromiso que antes. Nuestro día a día es muy confortable, no queremos jugárnosla y perder eso. Quizá hubo épocas en las que el confort era distinto, o en otros países, escaladores que estaban mejor pasando hambre en la montaña que en casa. También es cierto que no sé si se puede asumir mucho más compromiso, porque la línea es muy fina. Sí que hacemos cosas más difíciles, o más deprisa... pero el compromiso yo creo que es menor: tenemos más información, sabemos cuándo va a hacer bueno... En realidad es lo lógico: yo no me quiero morir en la montaña, pero es cierto que por ejemplo hoy se sigue valorando a alguien que repite la *Walker* de las Grandes Jorasses, pero es que eso ya se hizo con cuerdas de cáñamo. No hacemos nada que no se haya hecho ya».

«La evolución está en el alpinismo rápido de dificultad» – Marc

Sobre la tendencia actual de escaladas cada vez más rápidas, Marc admite que la velocidad es seguridad en la montaña, y que si no va más rápido es porque su físico no le acompaña, aunque matiza: «Hay una frontera entre hacer cosas fáciles muy deprisa; para mí eso ya es otra actividad. Creo que la evolución está en el alpinismo rápido de dificultad, no en coleccionar cumbres que se suben cada día».

Aunque Marc no ha intentado escalar un ochomil, principalmente porque no entra en su presupuesto, piensa que «en los ochomiles está la puerta por abrir. Hace muchos años que no se hace actividad puntera, solo repetir y cuanto más rápido mejor, en general por las rutas normales, salvo contadas excepciones. Creo que la próxima evolución del alpinismo estará en seguir llevando el estilo alpino a las grandes montañas; todavía hay mucho por explorar en ese campo».

Como ejemplo de escalada puntera, cita la apertura por la arista sureste del Annapurna III (7.555 m) realizada en 2021 por los ucranianos Nikita Balabanov, Mikhail Fomin y Viacheslav Polezhaiko, que emplearon 18 días para ascender y descender la montaña en estilo alpino. Una actividad que "solo" se llevó una mención especial en los Piolet d'Or de ese año (el premio grande se lo llevó Sean Villanueva por su *The Moonwalk Traverse* en el Fitz Roy), pero que para Marc reúne todo lo que ha de tener una actividad memorable.

«El alpinismo nunca será una actividad para el gran público» – Bru

Al preguntarle sobre cómo ve el futuro del deporte, Bru vaticina: «No creo que el estilo alpino avance a la velocidad de otras disciplinas de la montaña. Aunque técnica y físicamente los alpinistas serán más fuertes que antes, como siempre se ha dicho: la cabeza es la que te sube a la cumbre. Y la mentalidad de la sociedad está hoy en otras historias, más allá de conquistar algo "inútil". Se busca el reconocimiento fácil por encima de querer vivir el presente, y la comodidad es la norma, cuando en el alpinismo es algo insignificante. Siempre habrá progreso y personas con ganas de salir del rebaño, pero no creo que sea nunca una actividad para el gran público. Aun así, los pocos nuevos alpinistas serán más fuertes y subirán el listón generación tras generación, soñando con nuevos retos. Sin darse cuenta, y por el solo hecho de querer disfrutar de este mundo, serán dignos del legado alpino».

«La tecnología traerá actividades que todavía ni imaginamos» – Marc

«La IA nos va a cambiar por completo, no me puedo imaginar cómo será de aquí a dentro de diez años el alpinismo de alto nivel» responde Marc al cuestionarle sobre la combinación de tecnología y montaña en el futuro, y explica: «Ahora un dron te puede subir una camilla de 15 kg, y podría subir un saco, o lo que te haga falta... Nos guste o no, la tecnología se nos va a comer y hay que saber usarla. Lo complicado va a ser seguir buscando el compromiso con todos los medios que tenemos en la actualidad. Tecnología es todo, desde el avión que nos lleva, el inReach, el Jetboil... Nosotros usamos todo eso; buscamos la aventura, pero nos gusta volver a casa. Es cuestión de marcarte tú mismo dónde tienes tu límite ético, y a partir de ahí juegas tus cartas. No es cuestión de rechazarlo, al revés, quien sepa usar bien toda la tecnología será capaz de hacer actividades bestiales, que todavía no podemos ni imaginarnos cómo serán». / **Redacción Desnivel**

EL ENTRENADOR MARCO JUBES
CONTROLA LOS TIEMPOS EN EL CAMPUS
DE UNA JOVEN MARÍA BENACH.

ESTEBAN LAHOZ

CIENCIA DE LA ESCALADA
Y OTRAS MENTIRAS

LA CIENCIA DE LA ESCALADA NO PUEDE EXPLICARLO TODO. NO
HAY, NI HABRÁ, SUFICIENTE EVIDENCIA PARA TENER UNA VERDAD
ABSOLUTA SOBRE QUÉ HACER CON CADA ESCALADOR. SIGUIENDO
ESTA PREMISA, EL ESCALADOR —Y MÉDICO— *GONZO*, HA ESCRITO
UN LIBRO QUE SE ASIENTA EN LA CIENCIA PERO SE ALEJA DE LOS
DOGMAS. PROPONE UN CONOCIMIENTO HUMANO INTEGRAL
—QUE CONTEMPLE CIENCIA, EXPERIENCIA, INTUICIÓN Y CONTEXTO—
PARA TOMAR DECISIONES QUE ABARQUEN LA COMPLEJIDAD
DE LA EXPERIENCIA Y QUE LLEVEN A RESULTADOS EFICACES EN
LA ESCALADA. ESTE ES SU PLANTEAMIENTO.

¿QUÉ NOS HA MOSTRADO
LA EXPERIENCIA?

No puedo dejar de basarme en lo anec-
dótico. Por lo que he visto durante
años, los escaladores no tienen mucho interés en saber qué se está investi-
gando en escalada. Y, por mi parte, los
apoyo: a mí tampoco me interesa saber cuál es el chip o parafernalia elec-
trónica que está dentro de mi móvil.

Esto nos hace pensar que la ciencia
de la escalada no pasaría de ser una
cosa de «escaladores cerebritos» o de
quienes rozan lo pedante al demostrar